イラスト版
教師のための
すぐに使える
カウンセリング
スキル

上地安昭 [編著]
[兵庫教育大学名誉教授]

古谷雄作 [著]
[神戸市立糀台小学校教諭]

子どもを
理解し
発達を支援する
指導のポイント

合同出版

読者のみなさまへ

1　生きる力を育むカウンセリングスキル

　学校教師への保護者からの厚い信頼は、いまもむかしも基本的には変わりません。子どもたちへの教育的責務を全面的に担う学校と教師に対する社会からの信頼感と期待感は計り知れません。一方、急激な社会の変動に伴って学校現場でも難題が続出する今日、教師の多くが戸惑いを感じ、教師としての自信と誇りを喪失しかねない状況にあることも否めません。不登校やいじめ、非行、校内暴力、学級崩壊など、その指導と解決が困難な問題は絶えることなく深刻です。

　教育現場におけるこれらの難題への適切な予防的・教育的対応のために、これからの教師は教科指導だけでなく、従前以上に子どもたちの生きる力を育むための教師役割が強く求められているとの認識が必要です。そこで、ティーチングスキル（教える技能）に重点を置いた本来の教師役割に加え、子どもたちの健全な成長・発達を支援するためのカウンセリングスキルを重視した教師役割を果たすことが、今日の教師に求められる必須の課題といえるでしょう。

2　教育とカウンセリングの共通性

　カウンセリングとは「何らかの問題を持ったクライエント（来談者）と専門的訓練を受けたカウンセラーが、相互の言語的・非言語的コミュニケーションを通して、子どもから大人まで、個々のクライエントの成長・発達問題をはじめ、諸々の問題の解決ないし解消をねらい、その人なりの人生を前向きに歩むためのカウンセラーによる心理的支援」と一般に定義されます。この定義からも理解されるように、「カウンセリングとは教育である」（上地、2005）というのが、長年のあいだカウンセリングに関わってきた編著者が得た実践の知です。米国の著名な精神科医ウォルバーグ博士も、「心理療法（カウンセリング）は医療プロセスというより、むしろ教育プロセスです」（Wolberg,L.R.、1987）と明言しています。

　カウンセリングの専門家はもちろん、カウンセリングに興味をもってカウンセリング研修に熱心に取り組む学校教師の多くが、カウンセリングと教育の共通性を実感しています。この事実から、教育現場における教師によるカウンセリングスキルを活かした指導は、学校教育の一環として大いに意義があり、これからのさらなる有効的活用が期待されます。

3　教師に役立つカウンセリングスキル

　カウンセリングはクライエントとカウンセラーとの言語的・非言語的コミュニケーションによって成立します。両者のコミュニケーションの内容、つまりコミュニケーションスキル（力）によってカウンセリングの成果が大きく左右されます。

　一方、教師に求められているカウンセリングスキルとは、子どもの心を開き、子どもの内面を共感的に理解し、子どもの自己効力感を高め、自己成長力を引き出す力です。これは正にコミュニケーションスキルそのものです。教師にとって、カウンセリングスキルがきわめて重要な援助技能であるのはこのためです。

　実際、個々の子どもへの指導において、教師がつぎのようなカウンセリングスキルを活用し

て支援をおこなった場合、その教育的効果が大いに期待できます。
① 受容スキル：子どものあるがままを、温かい心づかいで、尊い人間として最大限に受容する。尊敬と思いやりの態度。
② 傾聴スキル：子どもに一生懸命耳を傾け、正面から向き合って、積極的、肯定的かつ真剣にかかわる態度。
③ 共感スキル：子どもの立場で理解し、内面的世界を共有する。子どもの思いや感情をあたかも教師自身のことのごとく受け止める態度。
④ 明確化（具体化）スキル：子どもが理解することが困難な言葉や複雑な表現を避け、平易かつ具体的な表現で、問題の明確化を図る態度。
⑤ 純粋スキル：表面的、虚偽的、儀礼的かつタテマエではない、子どもへの純粋で誠実かつ正直な態度。
⑥ 自己開示スキル：教師自身が防衛的ではなく、心を開き、あるがままの自分の真実を語る、開き直った勇気ある態度。
⑦ 現実直面化スキル：子どもの自尊感情へ十分配慮した上で、子どもの問題から目を逸らさず、子どもに事実を直視させる態度。
⑧ 即時的スキル：過去や未来よりも、いま・ここで（here and now）起こっている現実を重視し、即時に子どもに関わる態度。

4　本書の構成

　基礎編では、日常の教育指導において教師に役立つカウンセリングスキルの基本を15項目取り上げ、具体的かつわかりやすく説明します。
　実践編では、比較的困難を伴う子どもの指導場面において、教師のカウンセリングスキルをいかに活用すれば効果的か、33の事例を取り上げて、具体的に紹介します。
　巻末解説では、教師に求められる教育理念としての「カウンセリングマインド」の重要性について触れました。

　「すぐれた教師は有能なカウンセラーであり、すぐれたカウンセラーは有能な教師である」というのが、これまで長年現職教員へのカウンセリング研修に取り組んできた編著者の実践経験から得た知見です。
　教師のみなさまには、教師にとってきわめて有用なカウンセリングスキルを修得し、実践するためのテキストとして、本書を日々の教育指導に幅広く活用していただければ幸いです。

編著者　上地安昭

もくじ

読者のみなさまへ ……………………………………………………… 3

基礎編

1 表情・しぐさ・態度で親しみやすさを出す
【非言語的コミュニケーションスキル】……………………………… 8

2 評価や指導の代わりに教師や子どもの感情に焦点をあてる
【感情表現スキル】…………………………………………………… 10

3 子どもの言葉をくり返す
【くり返しスキル】…………………………………………………… 12

4 教師の考えや体験を隠さず子どもに話す
【自己開示スキル】…………………………………………………… 14

5 子どものいいたいことを的確な言葉で代弁する
【明確化スキル】……………………………………………………… 16

6 クローズド・クエスチョンとオープン・クエスチョンを使いわける
【質問スキル】………………………………………………………… 18

7 子どもたちと同じ言葉を使って会話する
【言葉合わせスキル】………………………………………………… 20

8 状況を肯定的にとらえポジティブに表現する
【ポジティブスキル】………………………………………………… 22

9 子どもの改善するべき点を一般的な話として伝える
【一般化スキル】……………………………………………………… 25

10 子どもの特技・性格・努力などに目を向ける
【リソーススキル】…………………………………………………… 28

11 「わたし」を主語にして考えや思いを伝える
【わたしメッセージスキル】………………………………………… 30

12 敬意をもって子どもに接する
【ワンダウンスキル】………………………………………………… 32

13 冗談やモノマネなどで雰囲気を変える
【ユーモアスキル】…………………………………………………… 34

14 問題の原因に焦点をあてずに未来に目を向ける
【未来志向スキル】…………………………………………………… 36

15 イライラや怒りを感じたらひと呼吸おく
【怒りのコントロールスキル】……………………………………… 38

実践編

1. 忘れ物の多い子ども ……………………………………………………… 40
2. 宿題を忘れた子ども ……………………………………………………… 42
3. 給食の牛乳が飲めない子ども …………………………………………… 44
4. 朝から眠そうにしている子ども ………………………………………… 46
5. 掃除をまじめにしない子ども …………………………………………… 48
6. 不注意で花瓶を割ってしまった子ども ………………………………… 50
7. すぐにうそをついてしまう子ども ……………………………………… 52
8. 消しゴムを盗んだ子ども ………………………………………………… 54
9. となりの子どもに消しゴムを取ったと文句をいわれパニックに陥った子ども … 56
10. 先生にかまってもらいたい子ども ……………………………………… 58
11. 学校に化粧をしてきた子ども …………………………………………… 60
12. 学校にスマホをもってきた子ども ……………………………………… 62
13. 自己中心的な子ども ……………………………………………………… 64
14. 教師に暴力を振るう子ども ……………………………………………… 66
15. 計算が苦手でこまっている子ども ……………………………………… 68
16. 失敗するとすぐ泣いてしまう子ども …………………………………… 70
17. 授業中に立ち歩く子ども ………………………………………………… 72
18. 授業中もおしゃべりをつづける子ども ………………………………… 74
19. 友だちに暴力的な言葉を使う子ども …………………………………… 76

- 20 休み時間中も教室にひとりでいる子ども …… 78
- 21 ひとりで悩んでいる子ども …… 80
- 22 グループに入れずに悩む子ども …… 82
- 23 変なあだ名をつけられた「いじられキャラ」の子ども …… 84
- 24 転入してきていじめられている子ども …… 86
- 25 転入生をいじめる子ども …… 88
- 26 遅刻してきた子ども …… 90
- 27 登校をしぶる子ども …… 92
- 28 前年度から不登校がつづいている子ども …… 94
- 29 病気がちでひさしぶりに登校してきた子ども …… 96
- 30 学校で話せなくなる子ども …… 98
- 31 家庭で身体的虐待を受けている疑いがある子ども …… 100
- 32 ネグレクトの疑いがある子ども …… 102
- 33 親と死別した子ども …… 104

解説 教師力を高めるカウンセリング・マインド …… 106

参考図書 …… 109
あとがきにかえて …… 110

基礎編
1 表情・しぐさ・態度で親しみやすさを出す

非言語的コミュニケーションスキル

①言語：言語的コミュニケーション

②声のトーン：非言語的コミュニケーション

③ボディランゲージ：非言語的コミュニケーション

おはよう！

　教師は子どもにとって常に身近で安心できる存在でなければなりません。アメリカの心理学者メラビアン（1939～）は、コミュニケーションの要素を言語、声のトーン、ボディランゲージの3つにわけ、相手への好意や反感といった感情の伝達には、言語以外の非言語的コミュニケーションの要素が大きな役割を果たすと述べています。

　カウンセリングにおける非言語的コミュニケーションに、傾聴的態度と呼ばれるものがあります。傾聴的態度とは、カウンセラーの姿勢や視線、表情などの身体的動作を通じて、クライエント（来談者）に「あなたを受け入れています」というメッセージを伝えるスキルです。教師が非言語的コミュニケーションをスキルとしてうまく活用することで、子どもたちは安心し、教師をより身近な存在と感じるようになります。

実習

● 子どもが安心する教師の非言語的コミュニケーション

①位置関係
・子どもとは握手可能な距離に座る
・体全体を子どものほうに向ける

②話し方
・落ち着いてゆっくりと話す
・正確に聞き取れる適度な大きさで話す
・子どもの名前は語尾を上げて呼ぶ

③しぐさ
・前かがみの姿勢を取る
・ジェスチャーを言葉と一致させる
・子どもの発語を促すようにうなずく

④スキンシップ
・肩にやさしく手を置く

⑤身だしなみ
・清潔で整った服装
・口臭や体臭に気を配る
（子どもはタバコやコーヒーのにおいを嫌がる）

非言語的コミュニケーションのポイント

　スキンシップは重要な非言語的コミュニケーションのひとつですが、近年はむずかしくなってきています。教師が親しみを込めて、子どもの肩に手を置いたとしても、関係性がよくない子には、体罰やセクハラと受け止められることもあります。とくに、高学年の女子児童に対する男性教師のスキンシップはあらぬ疑いをかけられる可能性がありますので、慎んだ方がよいでしょう。また、虐待を受けている可能性のある子どもには、ちょっとした身体的接触でフラッシュバックを起こし、パニックに陥ることもあります。子ども一人ひとりをしっかりと理解して、適切なスキンシップをおこなうように心がけましょう。

基礎編
2 評価や指導の代わりに教師や子どもの感情に焦点をあてる

感情表現スキル

ゴミが捨てられていないぞ。
だめじゃないか。
きょうの当番はだれだ？

　教師は、日々、指導という観点から子どもを評価せざるをえない場面に直面します。たとえば、そうじの時間の後にゴミ箱にゴミが残っていたとき、「ちゃんとゴミ捨てをしないといけませんよ」「これでは、だめですよ」などとマイナスの評価をします。また、「どうしてゴミを捨てにいかないのですか？」「だれがゴミを捨てる当番ですか？」などと原因を追及することも多いはずです。こうしたことは、教師である以上、当然の指導です。

　一方、カウンセリングにおいては、相手のマイナス面を評価するようなことはほとんどしません。また、カウンセラーからの一方的な原因追及もしません。その代わり、カウンセラー本人やクライエントの感情に焦点をあてて、受容的、共感的態度で話を聴いていきます。

実 習

評価的・指導的声かけ	カウンセリング的声かけ

❶ 子どもをほめるとき

・よろしい ・よくできました ・それでいいです ・正解です ・上手です	・○○をしてくれて、先生はうれしいなあ ・そういうの、先生も好きだなあ ・○○さんの顔を見ると、楽しくなるよ ・○○さんの担任でよかった ・○○さんって、友達に優しいね ・○○さんって、だれにでも親切だね ・友だちをかばってあげて、かっこいいわ ・話をよく聞いていて、素晴らしいわ ・いつもルールを守っていて、安心だわ

❷ 子どもをなぐさめるとき

・泣いてもしかたがないよ ・くよくよしても解決しないよ ・あなたも悪いから、がまんしようね ・できないなら、もっと勉強しましょう ・元気を出しなさい	・友だちに悪口をいわれて、つらいね ・試合に負けて、くやしいね ・友だちが転校して、さみしいね ・テストの結果が悪くて、がっかりだね ・問題がむずかしくてこまったね

❸ 子どもを叱るとき

・そんなことができないなんて、努力不足ですね ・うそをつくのは最低ですね ・あなたが一番悪いですね ・○○してはいけません ・それはダメです	・そんなことをするなんて、心配だわ ・友だちをたたくなんて、悲しいわ ・そんないい方をするのを聞くと、つらいわ ・うそをつくなんて、ショックだわ ・宿題を忘れて、残念だわ ・○○さんのやったことに、傷ついたわ ・先生でも、嫌な気持ちになるよ

> 基礎編

感情表現のポイント

　泣いている子どもに「悲しいね」「つらいね」などと共感することは、感情表現スキルの第一歩です。しかし、とくに高学年の女子児童においては、ときおり涙を見せて、（無意識に）周りを自分の味方につけようとすることがあります。かつて、教室でよく泣いている女子児童をかわいそうだと思い、親身になって話を聴いていたところ、一部の女子児童が「先生は、○○ちゃんの味方だから」といい出し、問題をさらにこじらせてしまったことがあります。
　「いいね」といった肯定的な声かけも、それ自体が一種の評価にあたりますので、「嬉しいなあ」というように教師の感情を表現する方が、より効果的に子どもの心に響きます。
　このように、さまざまな感情表現スキルをマスターすることで、子どもの気持ちをしっかりと受け止めることができますが、それだけではいつもうまくいくとは限りません。感情表現スキルは、あくまでコミュニケーションのきっかけとして使い、その後は、その子の状況に合わせた言葉がけをする必要があります。

基礎編

子どもの言葉をくり返す

くり返しスキル

　「くり返し」とは、相手の話した内容を整理し、理解に間違いがないか確かめるために相手の言葉をくり返すことです。私たちは、日ごろから無意識にこのスキルを使っています。
　カウンセリングにおいては、くり返しスキルを意識的に使うことが大変重要です。
　くり返しスキルを使うことは、クライエントにとってつぎのようなメリットがあります。
　①しっかりと自分が受け入れられたと感じることができる
　②適度な間が生まれる。この間が思考の流れにゆるやかな中断をつくり、思い込みなどによる拙速な結論をくだしてしまうことを防ぐ
　③自分の発した言葉の内容を客観的に理解することができる
　一方、カウンセラーにとってもつぎのようなメリットがあります。
　①記憶に留めやすくなる
　②適当な間を取ることができ、つぎに自分が話すことの内容やその展開の仕方などについて考える余裕が生まれる

実　習

① さみしそうにしている子どもに

- どうしたの？
- 友だちがいなくてさみしいよ

- そうか、**友だちがいないとさみしいね**
- うん（先生がさみしい気持ちをわかってくれてよかった）

近づいて静かな声で共感的にゆっくりと話します。

② いいわけをする子どもに

- わけを聞かせて
- みんながやっていたから

- **みんながやっていたからね**
- ……（みんながやっていても、本当はやったらいけないなあ）

真正面で目の高さを子どもと同じ高さ以下にしてゆっくりと話します。

③ うそをついている子どもに

- 宿題忘れたの？
- やったけど、もってくるのを忘れた

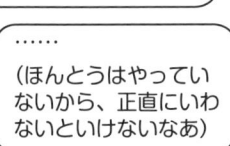

- **やったけど、もってくるのを忘れたの？**
- ……（ほんとうはやっていないから、正直にいわないといけないなあ）

真正面で目の高さを子どもと同じ高さ以下にしてゆっくりと話します。

④ 興奮して怒っている子どもに

- どうして怒っているの？
- たかしが、おれの消しゴムを取った

- **たかしくんが、きみの消しゴムを取ったの？**
- うん（ぼくは、消しゴムを取ったぐらいで怒っているんだなあ）

少し斜めか、真横から近づいていき、静かな声でゆっくりと話します。

くり返しのポイント

　くり返しスキルは、子どもの気持ちに寄り添い共感するときには、比較的使いやすいスキルです。教師が子どもの言葉をくり返すだけで、子どもは自分の話をしっかりと受け止めてくれたと感じます。

　くり返しスキルは、そのほか、子どもの発言をもう一度子ども自身に考えさせ、反省を促すときにも有効な手段です。しかし、子どもの言葉を何でもかんでもくり返していると、機械的な感じをもたれてしまいますので、くり返しスキルを適度に使いながら、コミュニケーションを図ることが大切です。

基礎編

基礎編

4 教師の考えや体験を隠さず子どもに話す

自己開示スキル

先生って、ご自身のことをいろいろと話してくださるので、子どもが家に帰ってきて喜んで先生の話をしてくれます

　人は相手から心をひらいて話されると、相手に対して親しみを覚えます。自己の内面について、隠さず勇気をもって他者に打ち明けることを「自己開示」といいます。

　カウンセリングでは、まずカウンセラー自身が、過去に体験してきたことや、ものごとに対する価値観、これからの夢や希望などについて、必要に応じクライエントに隠さずに話すことが求められます。教師が自己開示をすることによって、

　①子どもとの共感性が高まり信頼関係が強まる
　②子どもの自己開示的態度を促進する
　③子どもが現実の自己を受容するようになる

ことが期待できます。

実 習

基礎編

❶ 趣味について話す

先生はサッカーが大好きで、週末は応援にいくことがよくあるよ

ぼくもサッカー大好きだよ。先生、どこのチームが好き？

先生とはいろいろなことが話せそうだな

❷ 苦手なことや失敗談を話す

私、算数が嫌いだけど、先生どうしたら好きになるのか教えて

先生も小学生のころは算数が大の苦手だったなあ

先生も苦手なことがあるんだ。私と同じだなあ

❸ プライベートを話す

先生も彼氏がほしいなあ。だれか、いい人いないかなあ

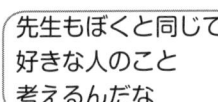

先生、ぼくが見つけてあげようか

先生もぼくと同じで好きな人のこと考えるんだな

❹ 過去に体験したことやハプニングを話す

先生、きのう買い物へ出かけるのに家に財布を忘れてね、お店で気づいたの。ほんとうにこまっちゃった

わー、先生でも忘れることがあるの。それで買い物どうしたの？

先生も、私と同じように、そそっかしいところがあるんだなあ

自己開示スキルのポイント

　自己開示といっても、自分のすべてをさらけ出す必要はありませんし、すべきでもありません。自己開示をするときには、つぎの点に注意します。
①多少のことは冗談として受け止めることができる関係性を児童と築く
②無理のない範囲で自己開示する
③教師自身や家族の病気、経済的な問題など、子どもに負担をかける悩みは開示しない
④教師自身の社会的、道徳的に不適切な内容の開示には慎重な姿勢で臨む
⑤子どもの理解度に合わせて自己開示する
⑥プライバシーに関わる内容は大勢の前では開示しない、聞き出さない
⑦子どもが話したがらないことを無理に聞き出さない

基礎編

5 子どものいいたいことを的確な言葉で代弁する

明確化スキル

えーと、ぼくは賛成というか……

はい、そうです

タクミくんは、○○ということがいいたいのかな？

　明確化とは、相手が上手に言葉で状況を説明したり、自分の感情を表現できなかったりする場合に、的確な言葉でそれを代弁してあげることです。緊張する場面では、大人でもいいたいことをうまくいえないことがあります。小学生にとっては、言葉で上手に何かを説明したり、自分の気持ちを表現したりすることは、発達上まだむずかしいものです。そんなとき、教師が明確化のスキルを使い、「あなたのいいたいことは、○○ということですね」と助け舟を出してあげると、子どもは肩の力がスッと抜けるように緊張が解け、安心して話をつづけることができます。

実 習

基礎編

❶ 緊張している子どもに

> 緊張して、うまくいえないのですね。あなたがいいたいのは、○○ということかな

❷ 泣いている子どもに

> ・友だちから悪口をいわれて悲しくて泣いているんだね
>
> ・試合に負けてしまってくやしくて泣いているんだね

❸ 怒っている子どもに

> ・友だちといい争いをして腹が立っているんだね
>
> ・自分が思っているように、うまくできなくて怒っているんだね

❹ 押し黙ってしまう子どもに

> ・何もいえなくて、あなたは悲しいのね
>
> ・あなたの顔を見ていると、つらい気持ちが伝わってくるよ
>
> ・悪かったなあという態度が先生に伝わってくるよ

明確化スキルのポイント

　言語表現の能力が未熟な子どもは、腹が立つとすぐに「死ね」「きもい」「うざい」といった単純で暴力的な言葉を使います。そんなとき、乱暴な言葉を指導するよりも、子どもがそうした言葉を使った状況、背景、子どもの気持ちを理解し、具体的に適切な言葉でいい直してあげると、子どもに、暴力的な言葉を使ったことを反省させることができます。また、学校にくると不安や緊張で話せなくなってしまう子どもに対しても、その子の表情や態度をよく観察し、気持ちや考えを上手に言葉にしてあげると、その子の心理的な負担を軽減させることができるでしょう。

基礎編 6

クローズド・クエスチョンとオープン・クエスチョンを使いわける

質問スキル

　泣いている子に「どうしたの？」といくら聞いても答えてくれず、最後には「泣いていたらわからないでしょ！」とイライラしてしまうことがあります。そんなときは、質問の仕方が不適切である可能性があります。

　「はい」「いいえ」で答えることのできる質問や「あれかこれか」のように答えの幅があらかじめ制限された質問を「クローズド・クエスチョン」、反対に、「あなたはどう思いますか」のように、「はい」「いいえ」ではなく、自由に答えを考えてもらうような質問を「オープン・クエスチョン」といいます。

　自分のことをうまく表現できない子どもには、教師が状況を予想して、「友だちに悪口をいわれたの？」「友だちに仲間はずれにされたの？」などとクローズド・クエスチョンで質問をすると、子どもも首を振るなど何らかの返事をすることができます。子どもが少しずつ話せるようになったら、「先生は、そのことをもっと知りたいなあ。もうちょっとくわしく聞かせてくれる？」といったオープン・クエスチョンで質問してみましょう。

実 習

① 教師が使えるクローズド・クエスチョン

- 運動は好きですか？
- 学校はたのしい？
- 昨日、テレビを見た？
- 兄弟はいるの？
- 家族は何人？
- 誕生日はいつ？
- 何色が好き？

クローズド・クエスチョンのメリット

- 事実を確認できる
- 単純明快な返答が期待できる
- 時間的効率性が高い
- 子どもにとって、返答することへの心理的な負担が少ない

② 教師が使えるオープン・クエスチョン

- 最近のようすはどう？
- 気分はどう？
- こまっていることがあったら何でも話して
- 友だちのどんなところが嫌なの？
- そのときの気持ちを聞かせてくれる？
- もう少しくわしく話してくれる？
- この本を読んでどう思う？

オープン・クエスチョンのメリット

- 子どもが自由に答えられる
- その子どもについて、未知の情報を得られる可能性が高い
- 返答に子どもの個性が表れる
- 返答に子どもの内面的葛藤が表れることがあり、その理解に役立つ

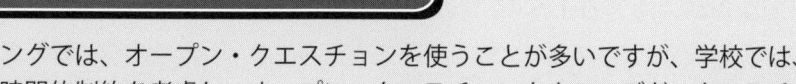

質問スキルのポイント

　カウンセリングでは、オープン・クエスチョンを使うことが多いですが、学校では、子どもの発達段階や時間的制約を考慮し、オープン・クエスチョンとクローズド・クエスチョンを臨機応変に使いわけることが必要です。
　とくに、言葉で表現するのが苦手な子どもには、クローズド・クエスチョンが効果的です。しかし、クローズド・クエスチョンで質問してもなかなか答えられない子どもに対しては、それ以上追いつめないよう、いったん質問をやめ、温かく見守る姿勢が大切です。また、そうした子どもには、無理に話をしなくてもよいこと、話さなくても教師は怒らないことを同時に伝えます。

基礎編

基礎編

7 子どもたちと同じ言葉を使って会話する

言葉合わせスキル

- 新しいモンハン？3とどこが違うの？
- 誕生日にモンハン買ってもらったんだ
- 先生、よく知っているな。もっと話をしてみたいなあ
- へえーモンハン4って、3よりおもしろそうだね

　子どもがよく使う流行語や略語を教師が知らないと「それってどういう意味？」と聞かなければならず、会話の流れを止めてしまいます。その結果、子どもたちは先生とは話がしにくいなあと感じます。また、高学年にもなれば「先生、そんな言葉も知らないのか、ダサいな」と思う子どもも出てきます。

　ラジオを聴くときには、聴きたいラジオ局の周波数にラジオを合わせます。ラジオの周波数を合わせるように、教師が子どもと同じ言葉を使うことを「言葉合わせ」といいます。

　普段、教師と子どもでは使う言葉に大きな違いがあります。そのため、子どもは教師に対して言葉の壁を感じています。教師が言葉合わせスキルを使うと、子どもは言葉の壁が低くなったと安心し、自分の内面をどんどんと教師に話すようになります。教師は、子どもたちを一層理解することができ、指導しやすくなります。

　子どもの言葉をよく聞いておき、意識的に使って会話を進めてみましょう。

実 習

❶ 遊び	
ドッジボール	ドッジ、中当て
おにごっこ	おにご、けいどろ、どろけい

❷ ゲームソフトやカードゲーム	
ドラゴンクエスト	ドラクエ
モンスターハンター	モンハン
どうぶつの森	ドウモリ
実況パワフルプロ野球	パワプロ
デュエルマスターズ	デュエマ

❸ 店名	
マクドナルド	マック（関東）マクド（関西）
ミスタードーナツ	ミスド
ケンタッキーフライドチキン	ケンタ（関東）
セブンイレブン	セブン
ファミリーマート	ファミマ
スターバックス	スタバ

❹ テレビ番組やマンガ	
クレヨンしんちゃん	クレしん
ポケットモンスター	ポケモン
ガキの使いやあらへんで	ガキツカ
進撃の巨人	シンゲキ

❺ 感情・行動	
気持ち悪い	きもい
うっとうしい	うざい
気持ちがいい	きもちい
とても〜	超〜
告白する	こくる
空気が読めない	KY（空気読めない）
告げ口をする	チクる
格好が悪い	ダサい
とっても腹が立ったようす	激おこぷんぷん丸
腹が立って、怒りが爆発しそうな状態	MK5（まじキレ5秒前）

これらの言葉は地域によって異なりますし、時代によっても変化します。子どもたちの間でよく使われている言葉に関心をもちましょう。

言葉合わせのポイント

小学校では、子どもの年齢が6歳から12歳までと発達の幅が大きいので、低学年を受けもつ場合と高学年を受けもつ場合では、教師の使う言葉も自然と異なります。1年生では「パパ」「ママ」といってあげたほうが伝わりやすくても、6年生になれば「お父さん」「お母さん」というほうが自然です。また、教師自身が流行語や略語を使わなくても、知っているだけで子どもとのコミュニケーションを円滑に進めることができます。

教師としては、正しい日本語を使い、子どもにも身につけさせたいと考えるのは大切なことです。しかし、日常の何気ない場面では、流行語や略語を使って子どもたちとの会話を楽しんでみるのもよいでしょう。

基礎編

8 状況を肯定的にとらえポジティブに表現する

ポジティブスキル

　「70点」という子どものテスト結果を、教師Aは否定的に受け取り、ネガティブ（否定的）に表現しています。一方、教師Bは肯定的に受け取り、ポジティブ（肯定的）に表現しています。

　ポジティブスキルとは、相手の行為を肯定的にとらえ、肯定的に表現することです。子どもが成功したときや、好ましい行動をしたときだけでなく、失敗したとき、好ましくない行動をしたときでも、教師がポジティブスキルを使って語りかけることで、子どもは教師の気持ちを肯定的に受け止めることができ、その結果、「自信がもてる」「勇気がもてる」「積極的になれる」「満足する」「いきいきする」「明るくなる」「自分のままでいいのだと思える」「希望がもてる」「反省する」「落ち着く」「他人を信じられる」など、協力的で意欲的な反応がもたらされやすくなります。

実習

基礎編

❶ 子どもの努力に対して

かけっこでビリになった子どもに

走り方が、とても
かっこよかったよ

ビリだったけど、
かっこよく走れて
よかった

バスケットボールの試合で負けた子どもに

２本もシュートを
決めて、よく頑張ったね

試合には負けた
けど、自分では
頑張ったなあ

❷ 子どもの失敗に対して

学芸会でセリフを間違えた子どもに

堂々と大きい声でいえていたから、
はじめて見た人は間違いが
わからないよ

そうなんだ、
間違えたけど
よかった

運動会のリレーでバトンを落としてしまった子どもに

最後まであきらめずに
走って、えらかったね

怒られると思ったら、
がんばったことを
認めてもらえて
よかった

❸ 不適切な行動をとる子どもに対して

廊下でリコーダーを吹いている子どもに

リコーダー、上手に吹くね

怒られると思ったら、
ほめられた

でも、教室で
吹こうね

はい

授業中、ノートに絵を描いていた子どもに

この絵上手だね

怒られると思ったら、
ほめられた

でも、休み時間に
自由帳に描こうね

はい

● ネガティブな状況をポジティブにとらえる表現

あきっぽい	→	何にでも興味があるね
いいかげんだ	→	おおらかだね
意見をいえない	→	協調性があるね
うるさい	→	元気がいいね
怒りっぽい	→	情熱的だね
おしゃべり	→	だれとでも話せるね
がんこ	→	意志が強いね
口がきつい	→	素直にいうね
しつこい	→	ねばり強いね
せっかち	→	やることがはやいね
すぐ調子にのる	→	ノリがいいね
つめたい	→	冷静だね
でしゃばり	→	世話好きだね
泣き虫	→	感受性が豊かだね
八方美人	→	人づき合いが上手だね
反抗的	→	態度がはっきりしているね
ふざける	→	陽気だね
屁理屈をいう	→	かしこいね
無口	→	おだやかだね、話をよく聞いているね
乱暴	→	たくましいね
わがまま	→	独創的だね、個性豊かだね

ポジティブスキルのポイント

　ネガティブな内容をポジティブにとらえてほめるには、子どもの個人的な成長、活動の結果ではなく過程や内容、そして、全体ではなく具体的な部分に目を向けることが大切です。廊下でリコーダーを吹いているところを教師に見つかれば、子どもは叱られると思うでしょう。そんなときに「リコーダーうまいね」というと、子どもは不意打ちを食らったかのように、教師の予想外の言葉に驚くとともに、叱られなかったことに安心します。その後に、「廊下では吹かずに教室で練習しようね」というような指導をすると、子どもは、素直に自分の行動を反省することができます。

　ただし、ポジティブスキルは、あくまでも会話のきっかけをつかみ、子どもと話せる状況をつくるためのスキルです。ポジティブスキルを使った後には、さまざまなフォローや指導が必要です。ポジティブスキルをいつも使っていると、子どもに「叱らない先生」と思われてしまうため、ときにはストレートに指導をすることも必要でしょう。

基礎編

子どもの改善するべき点を一般的な話として伝える

一般化スキル

> いいですか。一般的な例ですが、○○○○というのは……

> なるほど。たしかに私は△△△△なところがあるように思います

　カウンセリングにおいて、カウンセラーがクライエントの言葉と行動のあいだにある矛盾を指摘する作業を「直面化」といいます。直面化の作業では、クライエントは自分の悪いところを指摘され、叱責されたと感じ、カウンセラーとのそれまでの信頼関係が崩れる可能性があります。カウンセラーにとって腕の見せどころであり、もっとも慎重を期すべきポイントです。

　直面化の作業を成功させるのに欠かせないスキルが「一般化スキル」です。一般化スキルとは、相手の悪いところや反省すべき点を指摘する際に、本人の話としてではなく、一般的な話として伝えるスキルです。教師が子どもを指導するときにも一般化スキルが大変有効です。また、一般化スキルでは、たとえ話、格言、ことわざなどの「遠回し」な表現も効果的に使います。

実習

❶ 子どもを励ますとき

テストでミスをして落ち込んでいる子どもに

「失敗は成功のもと」というから、つぎは気をつけてね

次は気をつけよう

がんばっているのに、なかなか成績の上がらない子どもに

同じ日に朝顔を植えても花のさく日はちがうよ。がんばっていればいつかきれいな花がさくから、この調子で勉強をつづけてね

そうか、がんばろう

❷ 子どもに注意をするとき

禁止されているシャープペンシルを学校にもってきた子どもに

鉛筆よりもシャーペンの方が使いやすいんだね。でも学校では禁止されているから家で使ってね

そうだな、家で使おう

あやまってガラスを割ってしまった子どもに

6年生になると急に筋力がついて自分が思っている以上に力が出てしまうんだよ。だから、これからは気をつけてね

なるほど、これからは気をつけよう

❸ 保護者から相談を受けたとき

子どもがいうことを聞かないと悩む保護者に

一般的に、学年が上がるにつれ親のいうことを聞かなくなるものです

うちの子だけじゃないんだわ

子どもの夜尿で悩む保護者に

おねしょのことはいい出しにくいことなので、みなさん、話題にしませんが、じつは高学年になっても、おねしょをする子は結構いるんですよ

先生に相談してよかった

● 一般化の表現

- ○○さんぐらいの年になると□□□□だね。
- 小学生だったら□□□□だね。
- 最近は、□□□□とよくいうよ。
- この前、□□□□とテレビでいっていたよ。
- ネットで調べたら□□□□だったよ。
- ほかのクラスでも□□□□だよ。
- 日本の学校では□□□□だよ。
- この学校では□□□□だよ。
- 家と違って、学校では□□□□だよ。
- 校長先生も□□□□といっていたよ。
- お家の人も□□□□といっていると思うよ。
- 先生の子どものころも□□□□だったよ。
- ○○さん（有名人）も□□□□といっているよ。
- 昨年も□□□□だったよ。

● 一般化に使えるたとえ話

- カメは、ゆっくりでも最後にはウサギに勝つ。だから、ゆっくりでもあきらめないでがんばろうね。
- ウソをつくと、オオカミ少年みたいにだれも信じてくれなくなる。だから、正直に話そうね。
- チューリップを同じ日に植えても、全部が同じ日にはさかない。成長の早さはひとりひとり違う。だから、あせらないでね。
- エジソンは何回も失敗して、いろいろなものを発明した。だから、失敗をおそれないでね。

基礎編

● 一般化に使える格言やことわざ

- くやしいと思うけど、「負けるが勝ち」だよ。
- いまはむずかしいけど、きみは「大器晩成」型だからあきらめないでね。
- 「ウソつきは泥棒のはじまり」という。だから、ちゃんと話してね。

一般化スキルのポイント

　ある不登校の家庭では、週5日の登校日のうち1日登校したら1勝4敗、2日登校したら2勝3敗……、というようなたとえを使って和やかに出席回数を数えていました。野球好きの子どもであれば、1日登校したら5打数1安打、2日登校したら5打数2安打……としてもよいでしょう。5打数2安打ならば打率4割です。イチロー選手でさえ、最高打率は3割8分9厘です。週に2日登校することでイチロー選手を超えると考えれば、少しは気が楽になるでしょう。「皆勤賞」という言葉があるように、私たちは打率10割を目指しがちです。子どもの事情によっては、打率ぐらいでものごとを考えることも大切です。

　一般化スキルを使う際には、子どもの理解度を考慮します。1年生と6年生では、同じ内容の話でも、たとえを変える必要があります。低学年には、カメとウサギのような動物の話、高学年には偉人やスポーツ選手などの話が、それぞれの発達段階的に合うでしょう。

基礎編

10 子どもの特技・性格・努力などに目を向ける

リソーススキル

　学校では、学級活動、道徳の授業、おわりの会などで、多くの教師が子どもの「いいところみつけ」をします。しかし、いざ子どもが問題を起こすと、どうしても問題の原因を追及しようとして、その子の欠点に目がいってしまいます。すると、子どもはいっそう落ち込んだり、ときには反抗的になったりして、学校生活のすべての面において意欲が低下してしまい、悪いことをつぎつぎに起こしてしまいかねません。

　発想を転換します。問題の原因の追及をひとまず避け、子どもの「リソース」を見つけて、それを糸口に指導します。リソースとは、直訳すると資源という意味です。カウンセリングにおいては、クライエントの能力や可能性、性格、特技、趣味、興味、できていること、やれること、努力していることなどを指します。また、クライエントの友だち、親などもリソースです。子どものリソースに目を向けた指導をすることで、子どもは自信がつき、学校生活のすべての面において意欲が高まることが期待できます。

実　習

❶ 子どもの才能・特技・興味などに目を向ける

- バスケットボールが得意な○○くんなら、ルールを守ることはわかるよね
- 昆虫博士の○○くんなら、理科の問題もすぐに解けるよ
- ○○くんは絵を描くのが上手だから、習字も上手に書けるよ
- お話でいつもみんなを笑わせている○○くんなら、感想文も上手に書けるはずだよ

❷ 子どもの性格に目を向ける

- 下級生に優しい○○くんが、けんかをするなんて驚いたよ
- いつも冷静な○○さんが、あんないい方するなんてびっくりしたよ
- 気配りができる○○さんなら、班の友だちのことも考えて行動できるよね
- 動物の世話が得意な○○さんなら、当番の仕事もしっかりできるはずだよ

❸ 子どものできていることに目を向ける

- 朝早く学校にきているんだから、チャイムの合図も守れるはずだよ
- 毎日、宿題をきっちりと出しているから、教科書ももってこられるはずだよ
- グリーンピースが食べられるんだから、がんばってほかのものも食べてみてね
- 九九を全部いえるんだから、わり算もすぐできるようになるよ

❹ 子どもの努力していることに目を向ける

- ○○くんはいつもサッカーでチームのためにがんばっているんだから、みんなで協力できるはずだよ
- 昨日はピーマンを食べられたんだから、ニンジンだって食べられるよ
- きょうは遅刻しないで学校にこられたんだから、明日もだいじょうぶだよ
- がんばって理科テストで100点が取れたんだから、算数もできるはずだよ

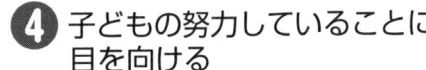

リソーススキルのポイント

　リソーススキルのもっとも大切なポイントは、子ども自身が認められたいと思っている点をしっかりとほめることです。教師だけがその子どものリソースだと考えていても、子どもにはなかなか通じないものです。日ごろから、子どもたちが何を認められたいと考えているか、しっかりと把握しておきましょう。

　リソーススキルは発達障害児への指導にも活用できます。たとえば、数字を数えるのが苦手な子どもの場合、その子の好きなものを探してみて、クワガタ好きであれば、クワガタの絵を描いたカードをたくさんつくり、「クワガタは何匹いる？」などとたずねると、喜んで数字を数えたりします。

基礎編

基礎編

11 「わたし」を主語にして考えや思いを伝える
わたしメッセージスキル

A「しっかり勉強しないと、自分がこまりますよ」
B「6年生なんだから、下級生に優しくしなさい」
C「友だちをなぐってはいけません」
　上記の指導に共通しているのは、どれも「あなた」を主語にしていることです。
a「あなたは、しっかり勉強しないと、こまりますよ」
b「あなたは、6年生なんだから、下級生に優しくしなさい」
c「あなたは、友だちをなぐってはいけません」
　このように「あなた」を主語にした伝え方を「あなたメッセージ（You message）」といいます。それに対し、「わたし（教師）」を主語にして教師の考えや思いを伝えることを「わたしメッセージ（I message）」といいます。

実 習

❶「わたしメッセージ」をより効果的にする３つの要素

授業がはじまってもおしゃべりをやめない子どもに対して

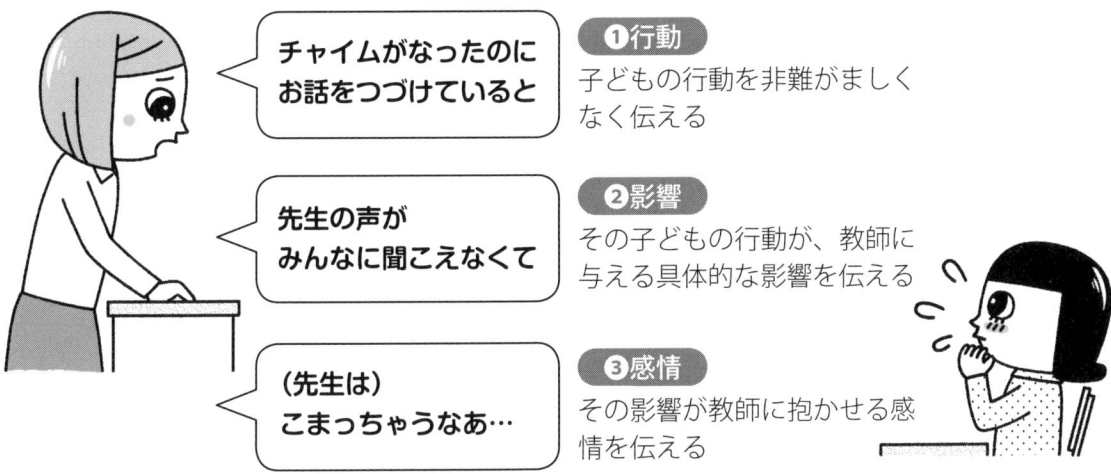

❷ つぎのメッセージを行動・影響・感情の３つの要素を入れたわたしメッセージで書きかえてみると

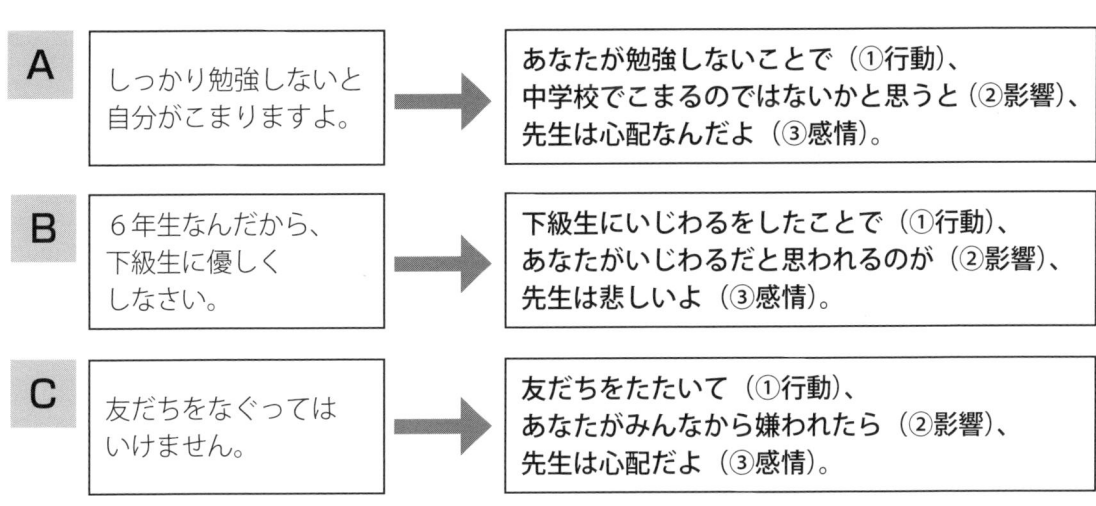

わたしメッセージスキルのポイント

　ときには毅然とした態度で「ビシッ！」と指導しなければならないこともあります。とくに危機介入場面においては、「やめなさい！」と叱らなければなりません。一方、子どもと落ち着いて話をするときには、「あなたメッセージ」よりも「わたしメッセージ」をできるだけ用いた方が子どもたちの心に届くでしょう。ＴＰＯに合わせて、「わたしメッセージ」と「あなたメッセージ」を使いわけます。

基礎編

基礎編

12 敬意をもって子どもに接する

ワンダウンスキル

　教師は教育という社会的な役割を担っているため、その役割意識の強さが教師としての威厳となって日々の生活のなかに現れます。教師にとっては、その威厳こそが指導力であるともいえます。しかし、いつもそのような肩肘張った態度でいると、子どもたちとの信頼関係がうまく構築できません。

　カウンセリングでは、「ワンダウン・ポジション」（ワンダウンスキル）でつねにクライエントに対し敬意をもって接します。ワンダウン・ポジションとは、過度の役割意識と権威的な立場にとらわれない姿勢とその表現のことをいいます。「子どもと同じ目線で」としばしばいいますが、ワンダウン・ポジションでは、さらに低い位置に立ちます。いわば、敬語における謙譲語といってよいでしょう。

実 習

❶ 教師からあいさつする

子どもからあいさつされるのを待たず、先生から積極的に子どもにあいさつをします。

❷ 子どもに呼ばれたら元気よく返事する

教師も子どもから呼ばれたときは「はい」と元気よく返事をします。先生の元気よい返事は、子どもの望ましい行動モデルにもなります。

❸ 子どもにお礼をいう

黒板係が黒板の板書を消すのは当たり前です。しかし、子どもが黒板を消した後、教師がひとこと「ありがとう」とお礼をいえば、子どもはもっと黒板係の仕事をきちんとしようという気持ちになるでしょう。

ワンダウンスキルのポイント

子どもは教師の指示を素直に聞くのが当たり前という考え方は、ワンダウンスキルには当てはまりません。子どもはひとりの人間であるという意識を教師がしっかりともてば、ワンダウンスキルは自然とおこなえるはずです。

とはいえ、子どもは、日々の生活で望ましくない行動を取ることもあります。ワンダウンスキルを基本にしつつ、ときとして教師としての威厳を示すことが大切です。

基礎編

13 冗談やモノマネなどで雰囲気を変える

ユーモアスキル

　ユーモアには、過度の緊張感を軽減する効果があります。臨床心理学者の河合隼雄氏は著書で「ゆとりはユーモアを生むし、ユーモアがゆとりを与えてくれる」と書いています。カウンセリングでも厳しい場面がたくさんありますが、相手を受容するための「ゆとり」をもつためには「ユーモア」が不可欠です。

　子どもたちの指導においても、そっぽを向いて話を聞こうとしない子ども、教師を嫌っている子ども、同じような注意を何度も受けている子どもを指導するときには、ユーモアを用いると、子どもはいつもと違った印象を受け、自分の気持ちを出しやすくなります。

　また、対人援助職である教師にとっても、ユーモアは心にゆとりをもち、子どもたちの声に耳を傾けるために必要な要素です。

実習

❶ 隣の子に鼻くそをつけられて怒っている子どもに

「何すんだよ！」
「その鼻くそ食べたらダメだよ」

❷ ちょっとしたことが気になっていつも苦情をいいにくる子どもに

「もう、腹立つわ！先生、聞いて！」
「今日の服、すごくかわいいわね」

❸ 給食中しゃべってばかりいる子どもに

「でさー、○○○なわけ」
「シンイチくん、先生が給食食べさせてあげようか。はい、あーん」

❹ 校外学習で列を守れない子どもに

「はーい、サトシくん、あぶないから先生が手をつないであげようか」

❺ 学芸会の出番の前で緊張している子どもに

「お客さんはお人形だと思ってごらん」

❻ 授業のつかみや子どもたちの集中力が途切れているときに

「勉強、いつやるの？いまでしょ！」

ユーモアスキルのポイント

　ユーモアは、あくまでその場の雰囲気を変えるためのスキルです。その後はしっかりと子どもの話を聴き、必要な指導をします。必要以上の冗談や、子どもの気持ちを考えない冗談は子どもを不快にさせます。また、教師の冗談が子どもたちへのいじめにつながる可能性もあります。ＴＰＯを考え、冗談にできることとできないことをしっかりと把握する必要があります。みんながいっしょに楽しく笑えないものは冗談ではありません。冗談で失敗してしまったときは、「ごめんね。いまのよくなかったね。これからはいわないね」ときっちりと謝ることが子どもとの信頼関係を築きます。

基礎編

14 問題の原因に焦点をあてずに未来に目を向ける

未来志向スキル

(先生、体操着を忘れました)

(どうして忘れたの？)

(なんで忘れたの？)

(……)

　未来指向スキルにおいては、カウンセラーは問題の原因に焦点をあてずに、クライエントの未来の状態に焦点をあて、問題を解決していきます。これは問題の原因探しがなされないため、だれかが悪者にされることがない方法です。また、子どもは将来のことを考えることで、いまの自分を見つめ直し、これからのあるべき姿（夢や希望）に向けて進んでいこうとします。

　教師が子どもを指導する場合、つい原因探しをしがちです。しかし、指導しても何度も同じ行動をくり返す子どもには、いくら原因探しをしてもその場しのぎの指導で終わってしまい、望ましい行動へとつなげることはできません。

実習

❶ 教科書を忘れた子どもに
- どうして、教科書を忘れたの？
- → 教科書忘れたときは、どうしたらいいかな？

❷ ケンカをした子どもに
- どうして、けんかをしたの？
- → 仲直りするには、どうしたらいいかな？

❸ 学校がつまらないという子どもに
- 学校の何が嫌なのかいってみなさい
- → 学校でどんなことをしたい？

❹ 廊下を走っている子どもに
- 走ってはいけません
- → しずかに歩いてね

❺ 牛乳が配膳台にこぼれているとき
- 配膳台に牛乳をこぼしたのはだれだ！
- → 配膳台に牛乳をこぼした人は、ふいてね

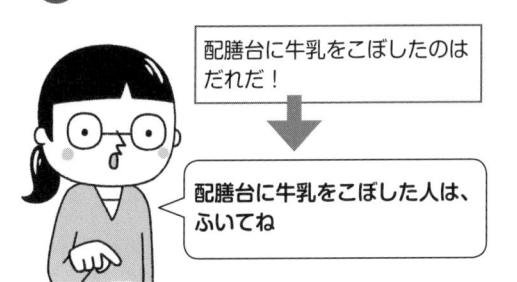

❻ 子どもの鉛筆が見つからないとき
- だれか○○さんの鉛筆を見た人はいませんか
- → みんなで○○さんの鉛筆探しをしましょう。よーい、ドン！

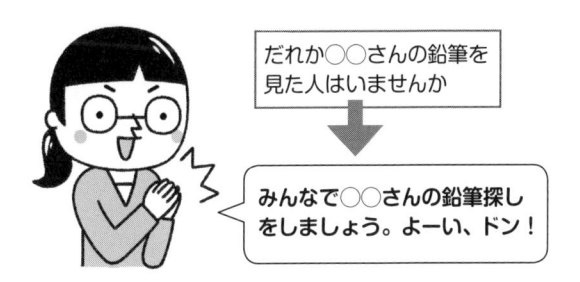

未来志向スキルのポイント

　たいていの子どもは悪いことをしてしまったとき、「しまった」と思っています。そこで、教師にしつこく指導されると、ときには聞き流したり、反抗したりすることもあります。反対に、必要以上に落ち込み、つぎの活動が停滞してしまうこともあります。子どもの成長を考えるならば、原因を探すよりもこれからどうするかを話し合うことが大切です。

　未来志向スキルをうまく使うには、原因探しを一旦置いておく勇気が必要です。もちろん、生徒指導上、事実確認をする必要がある場合は、原因も聞かなければなりません。原因探しをして子どもに反省を促すことも大切ですが、反省させているあいだにつぎの学習が身につかないようでは、それも困ります。未来志向スキルを使うことで、子どものその後の行動がよりよくなります。

基礎編

15 イライラや怒りを感じたら ひと呼吸おく

怒りのコントロールスキル

「静かにしなさいと何度いったらわかるんだ！」

　カウンセリングにおいて、クライエントが攻撃的な反応を示すと、カウンセラーもいら立ちなどを感じることがありますが、カウンセラーは自分の怒りをコントロールして、クライエントに対して攻撃的にならないように努めます。

　教師といえども人間です。毎日穏やかに学校生活を送ることができればよいのですが、一生懸命に取り組んでも、子どもたちの行動が望ましいものにならないと、どうしても怒りを覚えることがあります。また、忙しかったり、保護者からのクレームへの対応に追われていたりすると、心に余裕がなくなり、ちょっとしたことで感情が乱されることもあります。自分がイライラしてきたなと思ったときには、ひと呼吸をおいて指導をする必要があります。

実 習

❶ 自分の怒りのレベルを10点満点で評価する（10点が怒り最大）

自己評点することで、自分の行動はまだコントロールできていることを認識します。

❷ 関係のないものに注意を向ける

英語で数字を数える、数字を100から3ずつ引いて逆唱するなど、少しむずかしいことのほうが、目の前の事態から一歩身を引くことができます。

❸ 深呼吸をして呼吸を整える

できるだけゆっくりと息を吐きます。

❹ 怒る価値があるかもう一度考える

本当に怒らなければならないことは、そんなに多くありません。

怒りのコントロールスキルのポイント

　教師をわざと怒らせて注意を引こうとする子どもがいます。怒れば怒るほど、子どもの術中にはまってしまいます。「私の注意を引こうとしてやっているな」と強く思い、ぐっと我慢することが大切です。しばらくのあいだ注意引きの程度はひどくなりますが、そうしても「先生には構ってもらえない」と子どもに思わせることで、注意引き行動は収まっていきます。

　子どもがひどく悪いことをしているにも関わらず、にこにこしていることはできませんし、にこにこしていては、それはいけないことだと子どもに伝えることができません。怒りのコントロールスキルは、怒りそのものをなくすためではなく、感情的に怒ることを防ぐためのスキルです。非言語的コミュニケーションスキル（8、9ページ参照）と合わせて使うことで、子どもたちをしっかりと指導することが必要です。

実践編 1

忘れ物の多い子ども

ユウジくんは、5年生。新学年がはじまって最初の1カ月のあいだは忘れ物をしないようにがんばっていましたが、ゴールデンウィークが明けた5月中旬ころから忘れ物が目立つようになりました。

気になる・ありがちな対応

また、国語の教科書を忘れたの？

……。忘れました

この前も忘れたよね？

忘れ物がないか、毎朝確認しなさいって言ってるでしょ！

……

こんどから忘れたら、絶対ダメですよ！

　　忘れ物をしたユウジくんに対して、クローズド・クエスチョンで追いつめるようなコミュニケーションをはじめています。さらに、あなたメッセージでたたみかけているため、ユウジくんは完全に心を閉ざしてしまいました。このように教師から責められては、ユウジくんは、授業を頑張ろうという気もちにはなれません。また、かならずしもユウジくんの忘れ物を減らす動機付けにもなりません。

カウンセリングスキルを使った対応

先生、牛乳は飲まなくていいですか？

ヒカリさんは、牛乳が好きではないのかな

……。うん

明確化スキル

ヒカリさんは、牛乳が飲めなくてつらいんだね

うん

じゃあ、牛乳にストローをさしてちょっとだけすってごらん

上手にすえたね。明日もちょっとでいいから、がんばってすってみてね

うん

対応のポイント

　まず、明確化スキルを使って、ヒカリさんの気持ちに寄り添っています。そして、行動療法でよく使われるスモールステップで具体的な行動を提案し、「上手にできたね」とほめることによって少しずつ自信をもたせ、その行動を強化しています。

　また、ヒカリさんにいまできることをさせることで、ヒカリさんの毎日の給食に対する不安感をやわらげることができています。ヒカリさんの状態を把握し、苦手なことを少しずつ克服するような指導をすることで、ヒカリさんに自信が生まれ、給食以外の活動も充実したものになると期待できます。

　食べ物に好き嫌いのある子どもにとって、給食は切実な問題です。1年生といえども、給食が気になる子どもは、前の晩から翌日の献立を覚えているほどです。

　好き嫌いをすぐに直すことはできません。だからといって、好き嫌いをそのまま放っておくこともできません。子ども自身も好き嫌いをなくしたいと考えています。その気持ちを理解し、時間はかかっても、少しずつ自信がもてるような指導をすることが望まれます。

実践編 4　朝から眠そうにしている子ども

ケンジくんは、小学校4年生の男の子。1時間目はぐったりして机の上にふさぎ込んでいることがよくあります。

気になる・ありがちな対応

- 先生：「ケンジくん、姿勢が悪いですよ」
- 先生：「授業がはじまっているんだから、ちゃんとしなさい」
- ケンジ：「ねむい」「えー」

- 先生：「みんなだって、しんどくてもがんばっているんですよ。はやくちゃんとしなさい」
- ケンジ：「……」

　　ケンジくんの生活習慣や気持ちを考慮せずに指導しています。そのため、教師の期待通りにはケンジくんの行動を改善させることができていません。そればかりか、教師から注意された後も集中できずに、1時間目の授業をむだに過ごしかねません。

カウンセリングスキルを使った対応

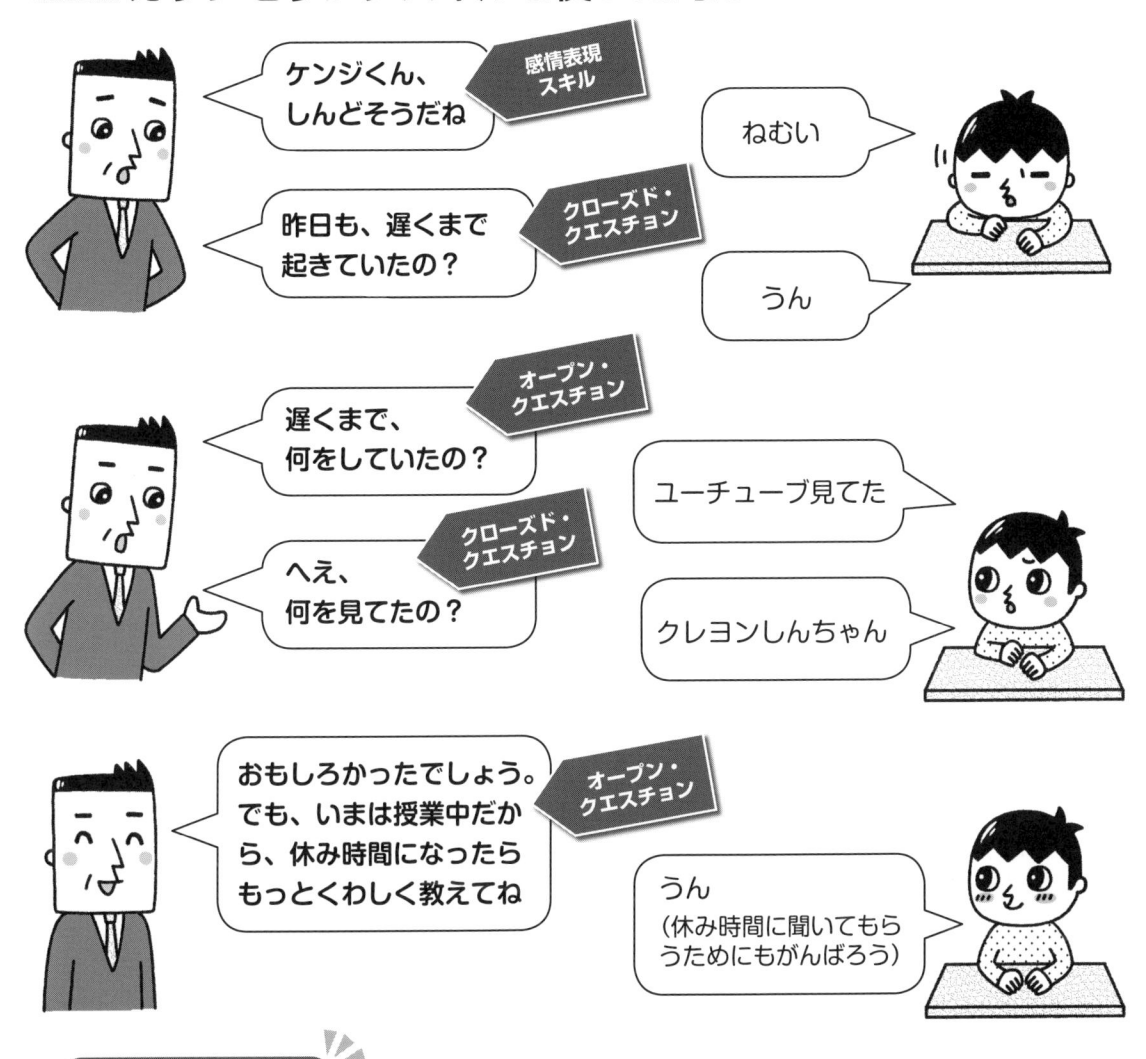

ケンジくん、しんどそうだね（感情表現スキル）

ねむい

昨日も、遅くまで起きていたの？（クローズド・クエスチョン）

うん

遅くまで、何をしていたの？（オープン・クエスチョン）

ユーチューブ見てた

へえ、何を見てたの？（クローズド・クエスチョン）

クレヨンしんちゃん

おもしろかったでしょう。でも、いまは授業中だから、休み時間になったらもっとくわしく教えてね（オープン・クエスチョン）

うん
（休み時間に聞いてもらうためにもがんばろう）

対応のポイント

　感情表現スキルでケンジくんの気持ちに寄り添っています。そして、夜遅くまで起きていたことや、ユーチューブを見ていたことについてはあえて指導をせずに、ケンジくんの話をクローズド・クエスチョンとオープン・クエスチョンを上手に使って聞き出しています。さらに、授業時間と休み時間の区別をはっきりさせた上で、休み時間には教師に話を聞いてもらえるという楽しみがあることを、オープン・クエスチョンを使って子どもに伝えています。ケンジくんは、教師が自分のことを受け入れてくれたと感じ、気持ちを切りかえて勉強しやすくなります。

　小学生が夜遅くまで起きていれば、朝眠いのは当たり前です。とはいえ、1時間目の授業を寝かせておくわけにはいきません。個別懇談会や家庭訪問等で保護者に学校でのようすを話して、協力してもらうことがいちばんの解決方法です。しかし、なかなか協力してもらえない家庭もあります。その場合は、保護者自身が子どもの状況を改善したくてもなかなかできない状況であるという前提で、まずは保護者の忙しさを労い、保護者自身が元気になるようなコミュニケーションを取ることが望まれます。保護者を追いつめるようなことは避けなければなりません。

実践編 5

掃除をまじめにしない子ども

トモキくんは、小学校4年生。教室の掃除は教師が見ているため比較的まじめに取り組みますが、教室以外の掃除はなかなかまじめに取り組むことができません。ほかの子どもから苦情を聞き、教師がようすを見にいくと、階段掃除をしているはずのトモキくんが中庭にいました。

気になる・ありがちな対応

（教師）トモキくん！階段掃除なのに、またさぼっているわね

（トモキ）いま、いくところ（先生に注意されちゃった）

（教師）ちょっと、待ちなさい。あなたは、そうやっていつもさぼっているでしょ！

（教師）もういいわ。早くいって掃除しなさい

（トモキ）……

　教師がはじめから「戦闘モード」になっているため、トモキくんを見つけるなり叱りつけています。そのため、トモキくんは素直に反省することができずに、いい逃れをしてしまいました。教師は、トモキくんを決められた掃除当番の場所にいかせていますが、この後、トモキくんがまじめに階段の掃除をするかどうか疑問が残ります。かえって、まわりの子どもに迷惑をかけてしまう可能性も考えられます。

カウンセリングスキルを使った対応

[一般化スキル]
先生：トモキくん、きょうは中庭の掃除をしているの？

トモキ：えっ？ 違う……
（ほんとうは階段なんだ。しまったなあ）

先生：どこの掃除だった？

トモキ：階段

[ポジティブスキル]
先生：よく覚えているね

トモキ：うん
（叱られると思ったけど、ほめられちゃったよ）

[未来志向スキル]
先生：じゃあ、階段掃除をがんばってね

トモキ：ちょっと、がんばってみようかな

実践編

対応のポイント

　階段掃除とわかっていても、まず、一般化スキルで、知らないふりをしてコミュニケーションを取り、ポジティブスキルで「よく覚えているね」と話しかけています。さらに、「階段掃除をがんばってね」と、中庭で遊んでいたことをあえて叱らず、未来志向スキルで、トモキくんがこのあと階段掃除を少しでも気持ちよくできるように促しています。
　できれば、後から、階段掃除を見にいき、トモキくんが少しでも掃除をしているようならば、「はじめからここにきて掃除してくれるとうれしいなあ」とわたしメッセージスキルで指導すると、トモキくんも、つぎからはがんばろうという気持ちになることが期待されます。

49

実践編 6

不注意で花瓶を割ってしまった子ども

> ツトムくんは、何ごとにも活発な小学校5年生。係の仕事で休み時間に教室の花瓶の水をかえようとしたところ、手が滑って花瓶を落として割ってしまいました。教師はろうかを歩いていて、ものが割れる音を聞きました。

気になる・ありがちな対応

（教師）こらっ！
何で割れているんだ！
どうせ、ふざけてやったんだろう？
いいわけせずに、あやまりなさい！

（子ども）……
いいえ……（ふざけていなかったのに）
いいえ……（いいわけなんかしてないのに）

　花瓶が割れた音を聞いた教師は、即座に「こらっ！」と叫んでいます。きっと、花瓶を割ったことに対して怒ったのでしょう。そして、そのままきちんと事情も聞かずに、自分の思い込みだけで、花瓶を割ってしまった子どもを強く叱っています。

カウンセリングスキルを使った対応

怒りのコントロールスキル

教師、ものが割れる音を聞き、落ち着いてその現場にいく

「花瓶が割れているけど、けがはしてないかい？」

「はい」

感情表現スキル

「そうか。けががなくてよかった」

「ところで、どうしたの？」

「水をかえようとして、手が滑ってしまって……（割ってしまってごめんなさい）」

「そうか、ふざけてやったわけじゃないんだよね」

「すみません」

「反省してるんだね。あぶないから花瓶は先生が片づけるよ、つぎから気をつけてね」

「はい（ほんとうにごめんなさい）」

対応のポイント

　落ちついて花瓶が割れた場所までいき、いきなり声を荒らげたりせずに子どもの安全を確認しています（怒りのコントロールスキル）。さらに、「けががなくてよかった」と感情表現スキルを使い、ツトムくんのことを心配しています。

　もちろん、子どもがふざけていた可能性も考えられます。しかし、教師は性善説をもって子どもに接することが望まれます（106ページ解説参照）。教師が忙しいときに限って、子どもたちは不注意でものを壊してしまうこともあります。そんなとき、教師に心の余裕がないと、とっさに子どもを叱ってしまいます。「ガチャン」と音がしたら「けがはない？」と反応するように心がけます。すると、不思議とその言葉でひと呼吸置くことができるようになります。

実践編

実践編

7 すぐにうそをついてしまう子ども

カズキくんは、小学校5年生。元気者ですが、生徒指導上、気になることがある子どもです。新学期がはじまって早々、クラスメイトのユウスケくんの自転車を無断で乗りまわし、公園に放置してきてしまったと担任の教師に報告が入りました。

気になる・ありがちな対応

- カズキくん、どうして人の自転車に勝手に乗ったの？
- え？ おれ、借りただけだよ
- ユウスケくんが、きみに取られたっていっていたよ
- 取ってないよ
- うそをつかずに、ほんとうのことを話しなさい
- ちぇっ！
- なんですか、その態度は！

　ユウスケくんの話だけを聞き、カズキくんがユウスケくんの自転車を無断で乗りまわしたと決めつけています。そのため、カズキくんは教師に不信感をもってしまい、お互いの信頼関係が築けません。
　カズキくんは生徒指導上、気になる子どもですし、実際に、ユウスケくんの自転車を無断で乗り回した可能性はあります。しかし、カズキくんのいいぶんを聞かずに決めつけてはなりません。まずは、両者のいいぶんをしっかりと聞きましょう。

カウンセリングスキルを使った対応

一般化スキル
カズキくん、ユウスケくんの自転車に乗ったこと覚えている？

うん

オープン・クエスチョン
そのときのこと思い出して、くわしく話してくれる？

……。ユウスケから自転車を借りて、公園で遊んだだけ

ポジティブスキル
よく覚えているね。それでどうしたの？

……。公園で返した

くり返しスキル
公園で返したの？

うん、公園に置いてきた

ワンダウンスキル
そうなんだ。思い出したことを正直に話してくれてありがとう

だけど、公園に置いてきたら、ユウスケくんはこまるでしょうね

うん……

実践編

対応のポイント

　カズキくんの普段の言動に問題があっても、決めつけずにカズキくんからもていねいにいいぶんを聞いています。一般化スキルで、遠回しに自転車に乗ったかどうかを確認してから、オープン・クエスチョンとポジティブスキルでひとつずつ、事実をたしかめています。
　その上で、受けた報告の内容とカズキくんのいいぶんが食い違うときは、くり返しスキルを使って、もう一度たしかめています。さらに、いけないことをしていても、正直に話したことに対しては、ワンダウンスキルでほめています。そうすることで、今後、カズキくんが何かいけないことをしても、教師に正直に話しやすくなります。

実践編

8 消しゴムを盗んだ子ども

> アユミさんは、小学校3年生。おとなしく、目立たない子どもです。数日前からクラスで消しゴムがなくなることが何度かありました。休み時間中に、アユミさんのポケットから探していた消しゴムがぽろっと落ちました。

気になる・ありがちな対応

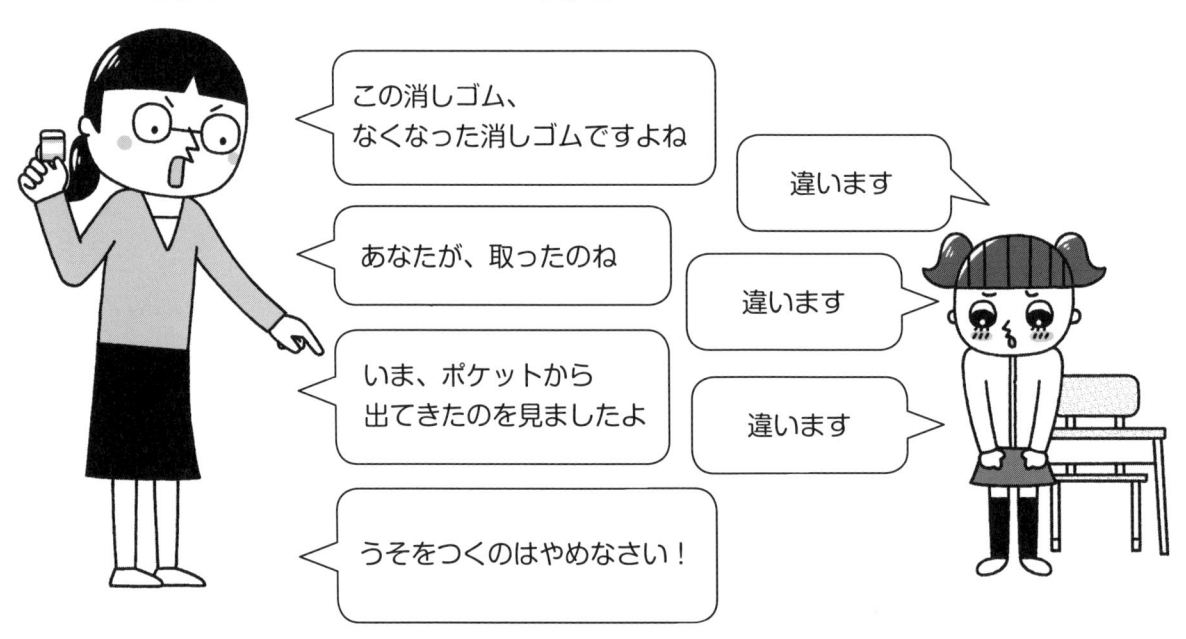

教師：この消しゴム、なくなった消しゴムですよね
アユミ：違います

教師：あなたが、取ったのね
アユミ：違います

教師：いま、ポケットから出てきたのを見ましたよ
アユミ：違います

教師：うそをつくのはやめなさい！

　アユミさんは、日ごろから友だちのものに触る傾向がありました。そのため、教師は消しゴムを取ったのはアユミさんではないかと感じていました。そんなとき、アユミさんのポケットから探していた消しゴムが出てきたことで、疑いが確信に変わり、教師はクローズド・クエスチョンでアユミさんを追いつめてしまいました。

　しかし、これではアユミさんからほんとうのことを聞くことは困難です。もし、ほんとうにアユミさんのいう通りだった場合、アユミさんは教師に不信感を抱きます。

カウンセリングスキルを使った対応

一般化スキル
この消しゴム、もしかしたら、探していた消しゴムじゃない？どこにあったの？

しらない

くり返しスキル
アユミさんは、しらないんだね？

うん

オープン・クエスチョン
アユミさんのポケットから出てきたんだけど、ちょっとだけ思い出してくれる？

実践編

対応のポイント

　一般化スキルを使って、探りを入れながら、遠回しに「どこにあったの？」と聞いています。それでも、なかなか本当のことを話してくれないので、くり返しスキルやオープン・クエスチョンを使って、少しでもアユミさんとコミュニケーションを取るようにしています。すぐにほんとうのことを話してくれなくても、日ごろから教師が子どもの話を聴くという姿勢を示すことで、子どもが心をひらき、ほんとうのことを話すきっかけにつながります。

実践編

11 学校に化粧をしてきた子ども

> サヤカさんは、6年生。最近、おしゃれに興味をもちはじめています。ある日、サヤカさんは学校に化粧をしてきました。

気になる・ありがちな対応

あなた、化粧をしてきたわね

うん

ここは、学校ですよ

……

すぐに顔を洗ってきなさい

　サヤカさんがどうして化粧をしてきたのかを考えずに、通り一遍な指導になっています。化粧をすることでみんなの注目を浴びたいのかもしれません。学校のきまりだからとバッサリと問答無用の指導をするのは、児童を理解する上では、もったいないことです。

カウンセリングスキルを使った対応

ユーモアスキル
あら、サヤカさん。モデルに見えたわ

そうでしょう

クローズド・クエスチョン
最近はやりのメイクみたいだけど、自分でしたの？

うん

一般化スキル
そうなんだ。サヤカさんぐらいの年ごろになるとメイクしたくなるわよね

わたしメッセージスキル
リソーススキル
でも、学校ではサヤカさんのかわいい素顔がいいわよ

対応のポイント

　まずは、学校のきまりを一方的に押しつけて指導するのではなく、ユーモアスキルを使って、話しやすい雰囲気をつくり、クローズド・クエスチョンでサヤカさんとの会話を円滑にしています。さらに、一般化スキルでサヤカさんのメイクをしたいという気持ちに共感してから、わたしメッセージとリソーススキルで、学校には化粧をしてこないように指導しています。
　女子児童の場合、6年生にもなれば、思春期にさしかかり、精神的に不安定になりがちです。ちょっとしたことで一喜一憂することがあります。そのため、頭ごなしに指導すると、反発しがちです。学校のきまりに違反する行為であっても、まずは子どもに共感しながら会話を進めていくことが必要です。

実践編

12 学校にスマホを もってきた子ども

> ヨウジくんは、6年生。最近、ほしかったスマホを買ってもらい、うれしくなって学校にもってきました。教室でみんなに見せびらかしていたため、ほかの子どもが教師に知らせにきました。

気になる・ありがちな対応

「おい、携帯を学校にもってきたらダメだろう」

「携帯じゃなくて、スマホだけど」

「ヘリクツをいうんじゃない！」

「……」

「帰るときまで、その携帯は先生が預かるから渡しなさい」

携帯電話を学校にもってきたヨウジくんの話を聞かずに指導をしています。まずは、子どもが携帯電話をもってきた理由をしっかりと聞きましょう。

カウンセリングスキルを使った対応

先生：ヨウジくん、その携帯どうしたの？

ヨウジ：携帯じゃなくてスマホだよ

先生：そうだね。そのスマホ、どんな機種かちょっと見せて 〈言葉合わせスキル〉

先生：やっぱり新しいのはいいね 〈ユーモアスキル〉

先生：うれしくなってもってきたんだね 〈明確化スキル〉

ヨウジ：うん

先生：そうか、その気持ちはわかるけど、スマホを学校にもってくるのは禁止されているから、ヨウジくんが帰るまで先生が預かっておくね

ヨウジ：はい……

実践編

対応のポイント

　言葉合わせスキルですぐに「携帯」を「スマホ」と言い換え、円滑なコミュニケーションが取れるようにしています。つづいて、ユーモアスキルで場を和ませ、明確化スキルでヨウジくんの気持ちに理解を示しています。さいごに、携帯電話（スマホ）は学校にもってきてはいけないことについて指導をして、ヨウジくんのスマホを預かっています。

　携帯電話の学校へのもち込み禁止を徹底するための指導としては甘く感じるかもしれません。しかし、カウンセリングの手法を取り入れたこのようなコミュニケーションによって、子どもと教師とがよりよい関係をつくることができるでしょう。子どもたちの気持ちに寄り添った指導をすることが必要です。いずれにしても、携帯電話についてはそれぞれの学校の方針に沿って、対処していく必要があります。

実践編

13 自己中心的な子ども

シュウタくんは、小学校6年生。運動神経がよく、体育の授業では何をさせても器用にこなすことができます。しかし、自分の意に反すると「何で？」と反抗し、なかなか指導にしたがわないこともあります。授業でサッカーの試合中、シュウタくんは、チームメイトからなかなかパスをもらえず、イライラして、自分のところへ転がってきたボールをわざと外に蹴り出していました。その場はなんとかやめさせましたが、シュウタくんは納得していないようだったので、放課後に教室で話しました。

気になる・ありがちな対応

教師：
- 体育の時間中、あんな勝手なことをしたらダメだろう
- サッカーはみんなでするものだから、きみのわがままだよ
- そんなことはないだろう
- ちゃんとみんなといっしょにやりなさい

シュウタくん：
- みんながパスを出してくれないから
- ほかの子にはパスを出してるのに……
- ……

「きみのわがまま」と決めつけ、教師がシュウタくんを一方的に叱っています。シュウタくんはたしかに不適切な行動を取りましたが、教師はシュウタくんの気持ちを理解しようとしていません。

カウンセリングスキルを使った対応

「シュウタくん、早く帰りたかったのに残ってくれてありがとう」 **ワンダウンスキル**

「うん」

「体育の時間中イライラしていたけど、最近、何か嫌なことがあるんだったら、どんなことでもいいから話してくれる？」 **オープン・クエスチョン**

「みんなが、ぼくのところにボールを回してくれなかったから」

「そうか、ボールが回ってこなくてくやしかったんだね？」 **くり返しスキル** **明確化スキル**

「うん」

「クラスのみんなは、シュウタくんの運動神経がいいことを認めていると思うよ」 **ポジティブスキル**

「でも、自分中心のプレーだけをしていると、先生は、シュウタくんがクラスのみんなから嫌われるんじゃないかと心配なんだ」 **わたしメッセージスキル**

対応のポイント

　不適切な行動を取ったシュウタくんに、ワンダウンスキルで接して、シュウタくんへ向き合っています。つづいて、オープン・クエスチョンで話しやすい雰囲気をつくり、シュウタくんの話に対して、くり返しスキルと明確化スキルを使って共感しています。そして、最後にポジティブスキルでシュウタくんの力を認め、わたしメッセージスキルで、シュウタくんの取るべき行動について、提案をしています。

実践編

実践編
14 教師に暴力を振るう子ども

> ハヤトくんは、小学校6年生。都合の悪いことには聞く耳をもたず、自分の思いが通らないと、カッとなって教師に対しても暴力を振るうことがあります。学級会の話し合いで自分の意見が通らないことに腹を立てたハヤトくんは、話し合いの邪魔になるような発言をくり返しています。態度の悪さが目に余ったため、教師はハヤトくんを厳しく注意しました。

気になる・ありがちな対応

「ハヤトくん、しずかにしなさい！」
「うるさいな」
「何をするんだ！廊下に出なさい！」
「何でだよ」
「うるさい！口ごたえするな！」
「何すんだよ！」

ハヤトくんの暴力的な態度に教師が感情的になり、完全に自分を見失っています。そのため、指導が単なるいい争いになってしまい、最後には力づくという最悪の手段で解決せざるを得なくなっています。子どもを注意した際に暴力を振るわれると、教師といえども腹が立つものです。しかし、そのように感情的な状態のまま子どもの指導をつづけると、最後には力づくになってしまい、下手をすると体罰として受け取られる可能性もあります。まずは、教師自身が怒りの感情をコントロールして落ち着く必要があります。

カウンセリングスキルを使った対応

「ハヤトくん、しずかにしなさい！」
「うるさいな」

深呼吸をする —— **怒りのコントロールスキル**

しばらく、ぐっとハヤトくんの目を見る —— **非言語的コミュニケーションスキル**

「先生は、ハヤトくんに足を蹴られて痛いし、すごくショックだよ」 —— **わたしメッセージスキル**

「ハヤトくんは暴力が許されないことを知っているよね。反省して、これから暴力をふるわないと約束してくれるかな」

対応のポイント

　深呼吸で怒りの感情をコントロールし（怒りのコントロールスキル）、冷静さを保とうとしています。また、非言語的コミュニケーションスキルで怒りの気持ちをハヤトくんに伝え、体罰にならないようにしています。また、ハヤトくんを責めるようないい方をせずに、わたしメッセージスキルで教師自身の気持ちを伝えています。最後に毅然とした態度で暴力は許されないということを指導しています。

　教師に対する暴力行為は、そのまま放っておくことはできません。放課後など、ハヤトくんが落ち着いたときに、再度指導が必要です。さらに、保護者に学校にきてもらい、校長、学年主任なども出席し、ハヤトくんのことを心配しているというスタンスで、ことの重大さを伝えていく必要もあります。

実践編

15 計算が苦手でこまっている子ども

カンタくんは、小学校4年生。運動神経がよく、明るい性格ですが、算数が苦手で計算ミスが多く、本人も答えが合わないことにいら立ちます。算数の授業で、わり算の計算問題を解きはじめましたが、わり切れるはずの答えがわり切れずにイライラしています。

気になる・ありがちな対応

カンタくん、どこがわからないの？

そんなの簡単だろう。最初から計算し直しなさい

そんな態度じゃ、いつまでも解けないよ

答えがわり切れない！

めんどくさいなあ

うざいなあ

　　イライラしているカンタくんに対して、「どこがわからないの？」という否定的な言葉かけから会話をはじめています。カンタくんの「わり切れない」という答えを受け止めずに、問題を解く方法へと教師の思いが先走り、「計算し直しなさい」と指導しています。解き方の指導としてはまちがっているとはいえませんが、コミュニケーションとしては適切ではありません。そのため、カンタくんをさらにいら立たせてしまい、それにつられて、教師も「いつまでも解けないよ」と余計なひとことを発してしまいました。

カウンセリングスキルを使った対応

ポジティブスキル
カンタくん、がんばってやっているけどどうしたの？

答えがわり切れない！

くり返しスキル
そうか、わり切れなくて

明確化スキル
こまっているんだね

うん……

未来志向スキル
じゃあ、先生といっしょにどうして解けないかやってみようか

うん
（先生が手伝ってくれるなら、解けそうだな）

対応のポイント

「がんばってやっている」というポジティブスキルを用いて、肯定的な言葉がけから会話をはじめ、くり返しスキルと明確化スキルによって、カンタくんの思いを受け止めています。そうすることで、問題が解けずにいら立つカンタくんの気持ちをやわらげることができています。さらに、「まちがいを探そう」というのではなく、未来志向スキルで「やってみよう」という言葉を使い、計算し直すことをカンタ君が前向きにとらえられるようにしています。

実践編

実践編
16 失敗すると すぐ泣いてしまう子ども

> シンゴくんは、3年生。ふだんは仲のよい友だちと楽しく過ごしていますが、授業になると、答えをまちがえただけで泣いてしまうことがよくあります。

気になる・ありがちな対応

「こんなことで泣いてどうするんだ」

「男の子なんだから、いつまでも泣いていたらみっともないぞ」

「……」

「いい加減に泣くのをやめなさい」

泣いているシンゴくんをどんどんと追いつめています。また、「男の子だから（女の子だから）〜」という表現は、性別に基づいた偏見であって、その子らしさを無視するものです。教師の発言としては不適切です。

カウンセリングスキルを使った対応

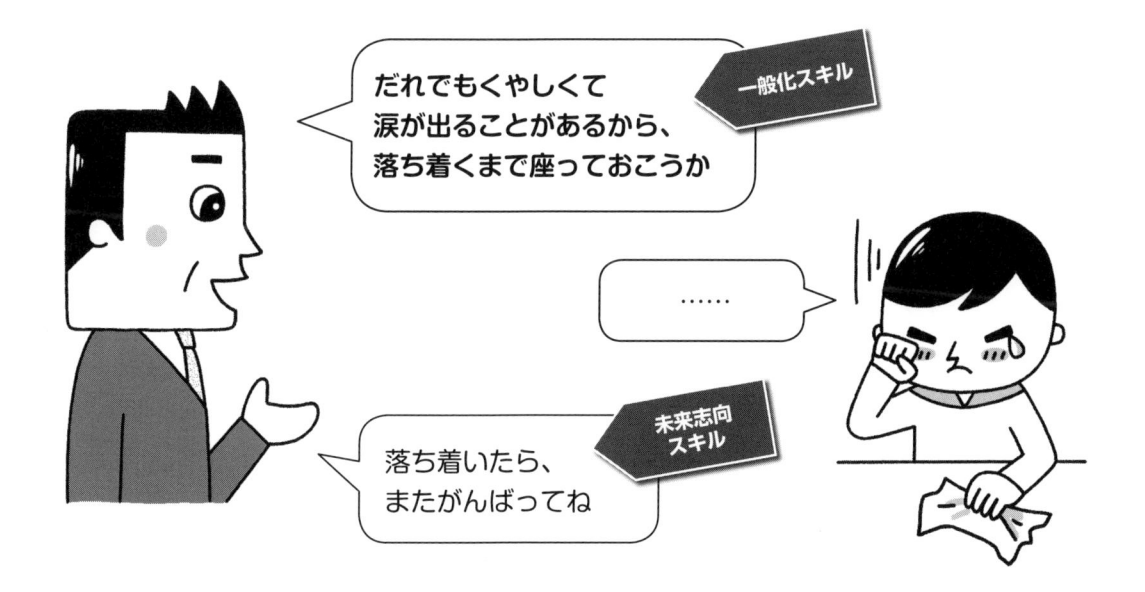

感情表現スキル
シンゴくん、まちがえてしまってくやしいんだね

……うん

一般化スキル
だれでもくやしくて涙が出ることがあるから、落ち着くまで座っておこうか

……

未来志向スキル
落ち着いたら、またがんばってね

対応のポイント

　感情表現スキルでシンゴくんの気持ちに寄り添い、一般化スキルで落ち着かせようとしています。そのため、シンゴくんは、教師が自分のことをよくわかってくれていると思い、安心することができます。また、泣いているときは何を言っても通じにくいので、しばらくそっと寄り添いましょう。
　些細な失敗で泣いてしまう子どもの場合、しばらくは同じようなことがつづくと予想されます。しかし、「泣くな」と追いつめてしまっては、子どもの自尊感情はますます低下するだけです。子どものあるがままを受け止め、子どもが自信をもてるようにしていきます。

実践編

17 授業中に立ち歩く子ども

ケンイチくんは、小学校1年生。集中力が持続せず、気になることがあると、席を離れてそちらに近寄っていってしまいます。ケンイチくんは授業中に風でカーテンが揺れているのが気になって、立ち歩いています。

気になる・ありがちな対応

「いまは授業中ですよ。はやく座りなさい」

「ケンイチくん！何をしてるんですか！」

「いい加減にしなさい」

「……」

　　　ケンイチくんの不適切な行動だけに目を向け、ケンイチくんが席を離れてしまう理由を考えていません。また、1回目の注意では、名前も呼んでいないため、ケンイチくんは自分が注意されていることにすら気づいていません。

カウンセリングスキルを使った対応

明確化スキル
ケンイチくん、カーテンが気になるの？

うん

未来志向スキル
じゃあ、カーテンをとめておこうね

うん

もうだいじょうぶだから、席に座ろうね

うん

対応のポイント

　ケンイチくんの行動面の特徴を理解したうえで、「カーテンが気になる」ということを伝えられないケンイチくんの気持ちを、明確化スキルを使って代弁してあげています。さらに、未来志向スキルで「カーテンをとめておこう」と解決案を示し、ケンイチくんの気持ちを落ち着かせています。
　授業中、落ち着かずに離席をくり返す子どもには、何らかの理由があります。その子どもにとって、どんなことが気になるのかを普段から把握して、わからないときには子どもから直接話を聞く必要があります。

実践編

18 授業中もおしゃべりをつづける子ども

シンジくんは、小学校3年生。落ち着きがなく、授業中も近くの席の子どもに話しかけてしまいます。

気になる・ありがちな対応

- シンジくん、何をしゃべってるんですか
- 授業中にしゃべってたら、みんなのめいわくでしょ
- そんなにしゃべりたかったら、ろうかに出てひとりでしゃべりなさい！
- ……

　授業中のおしゃべりに対して、このように指導することがよくあります。しかし、授業中に子どもをろうかに追い出す行為は体罰に該当します。決して「ろうかに出ていきなさい」といって、子どもを脅してはいけません。
　最近では、教師のことばを文字通りに受け取る子どもの割合が、以前に比べて増えています。子どもにほんとうにろうかに出ていかれると、対応がもっとむずかしくなってしまいます。

カウンセリングスキルを使った対応

シンジくん、どうかしたの？

べつに

わたしメッセージスキル

シンジくんが先生の話を聞いてくれると先生はうれしいけどね

うん

対応のポイント

　わたしメッセージスキルを使い、シンジくんに愛情を注いでいます。この一度きりの指導でシンジくんのおしゃべりがなくなることは少ないでしょう。しかし、このようなコミュニケーションをとりつづけると、シンジくんは、どんどん教師に好感をもつようになり、話も聞くようになるでしょう。
　また、子どもたちがおしゃべりをするのは、授業がわからず、ついていけなくなって時間をもて余してしまった結果であることがよくあります。授業中におしゃべりをする子どもが、授業を理解できているかどうか、定期的に確認する必要があります。

実践編

19 友だちに暴力的な言葉を使う子ども

ケイタくんは、小学校6年生。自分が気に入らないことがあると、暴力的な言葉を使ってしまいます。休み時間、廊下から「死ね！」というケイタくんの大声が聞こえてきました。

気になる・ありがちな対応

「どうしたの？」

「あいつが、わざとぶつかってきた！」

「ぶつかったくらいで「死ね！」なんて言葉を使ってはだめだよ」

「あいつもいってるじゃないか」

「屁理屈いうんじゃない」

「うるさいな」

「いい加減にしなさい！」

　　体をぶつけられてイライラするケイタくんの気持ちに寄り添わずに、ケイタくんの暴力的な言葉づかいについて指導をしています。体をぶつけられたことに対する不満が解消されないまま、教師の指導がつづくため、ケイタくんは納得できず、聞く耳をもたなくなってしまい、教師に対しても反抗的な態度をとっています。

カウンセリングスキルを使った対応

ケイタくん、どうしたの？

あいつが、わざとぶつかってきた！

くり返しスキル
ともだちがわざとぶつかってきたんだね？

うん

明確化スキル
「死ね！」という言葉を使っちゃうくらい、腹が立っているんだね

うん

オープン・クエスチョン
そうか。じゃあ、もうちょっとくわしく話してくれないか

うん

対応のポイント

　まず、ケイタくんの名前を呼ぶことでケイタくんを落ち着かせ、くり返しスキルと明確化スキルを使い、ケイタくんの気持ちに寄り添っています。そして、オープン・クエスチョンを使って、ケイタくんの不満を聴こうとしています。

　暴力的な言葉を使う子どもでも、多くの場合、自分が気に入らないことに対して使うのであり、いつも使っているわけではありません。ケイタくんの話をしっかりと聞いて、不満をやわらげてあげる必要があります。授業中など、すぐに時間をとることができない場合は、「あとで、ケイタくんの話をゆっくりと聴かせて」といって、放課後などにしっかりと時間をとるとよいでしょう。

　子どもは、しばらく同じ話をくり返し、自分の不満をぶつけてくるでしょう。途中で話を遮らず、「うん」「そうか」と話を聴き入れ、感情を出し切らせてあげます。そして、子どもが落ち着いたら、暴力的な言葉づかいに対する指導をおこなうとよいでしょう。

実践編

実践編 20

休み時間中も教室にひとりでいる子ども

> ユリさんは、小学校3年生。1学期は仲のよい友だちと運動場で鬼ごっこをして遊んでいたのですが、2学期になってからは、休み時間中も教室で読書をしたり、窓の外を眺めたりして、ひとりで教室にいることが多くなりました。

気になる・ありがちな対応

教師：「休み時間なのに、どうして遊びにいかないの？」
ユリ：「鬼ごっこ……」
教師：「鬼ごっこが、どうしたの？」
ユリ：「……」
教師：「はっきりいわないとわからないよ。鬼ごっこが、どうしたの？」

教師：「そんなふうにしていたら、いつまでも友だちと遊べないよ」
ユリ：「……」

休み時間中も教室にひとりでいるユリさんに対し、ひとりでいる理由だけを追求して、ユリさんの気持ちをまったく理解しようとしていません。また、ユリさんが、何かを訴えようとしているにも関わらず、教師が聴く姿勢を示さず、ユリさんがはっきりと話さないことに焦点を当て、こまっているユリさんを責めつづけています。

カウンセリングスキルを使った対応

先生: ユリさん、最近、休み時間中もひとりでいることが多いね。どうしたの？

ユリ: 鬼ごっこ……

【明確化スキル】
先生: いっしょに鬼ごっこがしたいけど、できなくてこまっているのかな？

ユリ: うん

【明確化スキル】
先生: そうか、どうしたらいいのかわからなくて、本を読んでいたんだね

ユリ: うん

【未来志向スキル】
先生: じゃあ、先生といっしょに運動場にいってみようか？

ユリ: うん！

実践編

対応のポイント

　ユリさんの普段の行動から、明確化スキルを使って子どもの気持ちを理解して、うまく表現できないことを代弁しています。さらに、未来志向スキルを使っていっしょに運動場へいこうと提案し、問題の解決を図ろうとしています。
　教師は問題が起こると、その原因ばかりに目を向けてしまいがちです。しかし、子どもがこまっているときには、どのように行動したらよいかを具体的に示すことも大切です。

実践編

21 ひとりで悩んでいる子ども

> ヒカリさんは、小学校6年生。5年生のときから仲のよかった友だちと最近うまくいかず、元気がありません。教師は元気がないヒカリさんの理由がわからないため、放課後にヒカリさんを呼び止めて話を聞きました。

■ 気になる・ありがちな対応

教師:「最近、元気がないけど、どうしたの？」
ヒカリ:「いや、べつに」
教師:「ほんとうに？」
ヒカリ:「だいじょうぶです」
教師:「そうかなあ？」

ヒカリ:「……。何もありません」
教師:「ちゃんといってよ！」

　ヒカリさんのようすがいつもと違って元気がないことに気づくことができています。しかし、ヒカリさんのようすの変化に気づいても、何とかその理由を聞き出そうと必死になっているため、ヒカリさんの気持ちを置き去りにしています。教師は自分自身が納得するために理由を聞き出そうとしているようです。

80

カウンセリングスキルを使った対応

ヒカリさん。帰ろうとしているのに呼び止めてごめんね 〈ワンダウンスキル〉

はい

ヒカリさん、最近元気がないけど、どうしたの？

いや、べつに

先生は、ヒカリさんが何かこまっているんじゃないかと心配しているの 〈わたしメッセージスキル〉

……。だいじょうぶです

そう、先生の思い違いだったみたいね。ごめんね 〈ワンダウンスキル〉

でも、こまったときは先生に何でも相談してね 〈未来志向スキル〉

対応のポイント

　まず、ワンダウンスキルを使い、教師と子どもとの敷居を低くして、気軽に話せる雰囲気をつくることを心がけています。つづいて、わたしメッセージスキルで、教師がユリさんを心配していることを伝えています。最後に、これからは何でも相談してほしいという意思を、未来志向スキルを使って伝えています。
　また、ヒカリさんの話したくないという気持ちをしっかりと受け止め、むりに話を聞き出そうとはしていません。一度の指導でヒカリさんが話す気にはならなくても、今後、教師に悩みを相談してみようという気持ちになることが期待できます。

実践編

22 グループに入れずに悩む子ども

> ナオさんは、小学校5年生。世話好きですが、友だちに対してときどききついいい方をしてしまうことがあります。野外活動のグループを子ども同士で決めているとき、ナオさんは自分が入りたいと思っていたグループに入れてもらえずにいました。

気になる・ありがちな対応

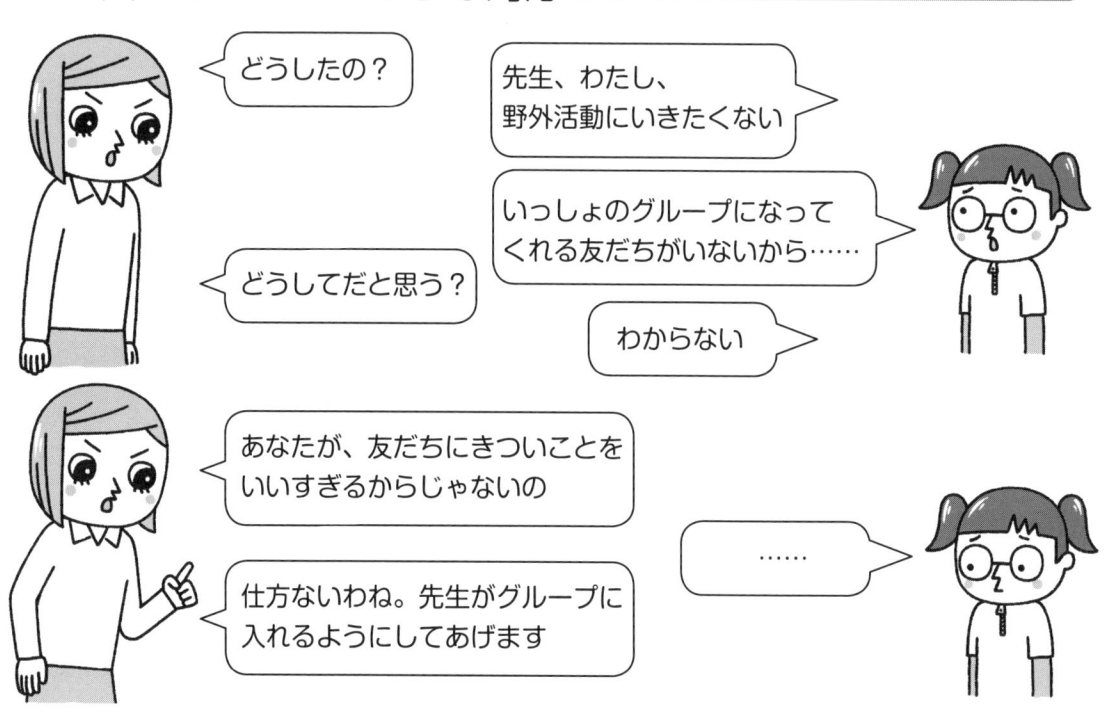

先生：どうしたの？

ナオ：先生、わたし、野外活動にいきたくない

ナオ：いっしょのグループになってくれる友だちがいないから……

先生：どうしてだと思う？

ナオ：わからない

先生：あなたが、友だちにきついことをいいすぎるからじゃないの

ナオ：……

先生：仕方ないわね。先生がグループに入れるようにしてあげます

　　ナオさんは日ごろの言動のせいで、クラスの友だちからうとまれているようです。そんな子どもを見て、教師もナオさんの自業自得だから仕方がないと思っています。しかし、このように突き放してしまえば、ナオさんはますます落ち込んでしまい、学校が嫌いになってしまいます。ナオさんは、教師へ自分の気持ちを素直に語っています。まずは、ナオさんの訴えにしっかりと向き合うことが必要です。

82

カウンセリングスキルを使った対応

先生、わたし、野外活動にいきたくない

どうしたの？

いっしょのグループになってくれる友だちがいないから……

友だちがいない？ 〈くり返しスキル〉

うん

あなたは、いつも、友だちを助けてあげているのに…… 〈リソーススキル〉

悲しいなあ 〈感情表現スキル〉

うん

じゃあ、先生からクラスの友だちにそのことを話してみてもいいかな？ 〈ワンダウンスキル〉

うん

対応のポイント

　くり返しスキル、リソーススキル、感情表現スキルを使い、ナオさんの訴えをしっかりと受け止めています。そして、ワンダウンスキルで「話してみてもいいかな？」とナオさんに了解を求め、ていねいに対応しています。教師のこのような対応は、普段、友だちに対してきつい言葉を発してしまうナオさんの手本にもなり、今後、ナオさんを指導する際に役立つでしょう。

実践編

23 変なあだ名をつけられた「いじられキャラ」の子ども

> ジュンくんは、6年生。おだやかな性格でだれとでもなかよくできます。ある日、クラスメイトがジュンくんを変なあだ名で呼び、クラスの笑いを取っていました。そのようすを見て、教師はいじめにつながるのではないかと心配しました。

気になる・ありがちな対応

教師:「ジュンくん、イヤなことは『イヤ』といわないと、いつまでも変なあだ名つけられたままだぞ」

ジュン:「はい」

教師:「つぎにあだ名で呼ばれたら、先生がやめさせるから、かならずいいにくるんだぞ」

ジュン:「……はい」

ジュン(心の声):「先生に伝えても、陰で『ちくった』っていわれていじめられるだけだよ」

　小学校高学年になると、本気と冗談の区別がつくようになり、友だちに「いじらせる」ことでクラスを盛り上げる子どももいます。しかし、教師は、ジュンくんがクラスメイトにつけられたあだ名を嫌がっていることに気づきました。しかし、教師自身が正しいと思うことをジュンくんに伝えるだけで、ジュンくんの気持ちに寄り添った解決の方法を示していません。

カウンセリングスキルを使った対応

先生:「ジュンくん、先生はジュンくんが変なあだ名で呼ばれるのを見るととてもつらいよ」 　**わたしメッセージスキル**

先生:「ジュンくんもつらいんじゃないかな」 　**感情表現スキル**

ジュンくん:「うん……」

先生:「でも、やめてもらうのはむずかしいようだね」 　**明確化スキル**

ジュンくん:「うん」

先生:「先生から注意すると、友だちに『ちくった』っていわれるだろうから、勇気を出して、ジュンくんから『そのあだ名はやめて』って伝えられないかな？」 　**言葉合わせスキル**

ジュンくん:「そうしたいけど、どうしたらいいかな」

先生:「ちょっと先生とその伝え方を練習してみようか」 　**未来志向スキル**

ジュンくん:「うん！」

対応のポイント

　わたしメッセージスキル、感情表現スキル、明確化スキルでジュンくんの気持ちに寄り添おうとしています。そして、未来志向スキルでいっしょに解決していこうと提案しています。

　クラスでいじめが発生しそうな場合や、子ども同士のトラブルがあった場合、教師がいきなり指導するのではなく、関係のある子どもたちから話をしっかりと聞き、子どもの口からお互いの気持ちを伝えさせることが大切です。そのとき、どちらか一方だけの肩をもつと、もう一方は不満をもつことが予想されます。子ども同士を話し合わせる場合は、公平な立場で臨むことが必要です。

　ただし、明らかにいじめがおこわれている場合は、いじめられている子どもをしっかりと守らなければなりません。

　子どもが相手にはっきりと自己主張することに自信をもてない場合は、ロールプレイで練習してみます。教師がいじめっ子役になり、子どもが上手にいえたらしっかりとほめ、自信をもたせることが大切です。

実践編

24 転入してきていじめられている子ども

　タカヒロくんは、1カ月前に転入してきた小学校5年生。とてもまじめで、宿題やもち物を忘れたことがありません。算数が得意で転入当初はよく発表していましたが、最近はあまり発表しません。ある日の放課後、ポツンとひとり、自分の席で泣いていました。

気になる・ありがちな対応

- どうして泣いているの？
- セイナさんとショウコさんに「キモい」っていわれる
- ふたりに何かしたの？
- ううん
- ふたりに何か変なこといってない？
- ううん
- じゃあ、先生が注意しておくね
- 男の子なんだから、泣くのはやめなさい

　教師が自分の思いこみでどんどんと会話を進め、タカヒロくんの気持ちにまったく寄り添っていません。それどころか、転入してきたばかりで、いじめられ、つらい思いをして泣いているタカヒロくんに、「男の子なんだから」という理不尽な理由で、泣くのをやめるように指導しています。

カウンセリングスキルを使った対応

タカヒロくん、どうしたの？

セイナさんとショウコさんに「キモい」っていわれる

セイナさんとショウコさんに、そんなことをいわれて泣いているんだね 【感情表現スキル】

うん

でも、話しにくいことをよく先生に話してくれたね 【リソーススキル】

先生は、タカヒロくんのことをしっかりと守っていきたいから、【わたしメッセージスキル】

もう少し話してくれるかな？ 【オープン・クエスチョン】

実践編

対応のポイント

　感情表現スキルを使ってタカヒロくんの気持ちに寄り添い、リソーススキルで、タカヒロくんが勇気を出して悪口をいわれていると打ち明けたことをほめています。さらに、わたしメッセージスキルで、「タカヒロくんをしっかりと守る」というメッセージを出し、タカヒロくんを安心させています。

　転校は、子どもにとって家庭環境も友だち関係も大きく変わるできごとです。転入生の多くは、大きなストレスを抱え、不安な気持ちでいっぱいです。ちょっとしたことにも過敏に反応してしまうのは当然です。転入生に対しては、周りの子どもとの関係がうまくいっているかどうか、とくべつに注意深く観察する必要があります。

実践編

25 転入生をいじめる子ども

> セイナさんは、小学校5年生。1カ月前に転校してきたタカヒロくんのことが気に入らないらしく、教師に見つからないように陰でタカヒロくんの悪口をいっています。教師はそのことを知りませんでしたが、タカヒロくんから打ち明けられ、休み時間にセイナさんを呼び止め、話を聞くことにしました。

気になる・ありがちな対応

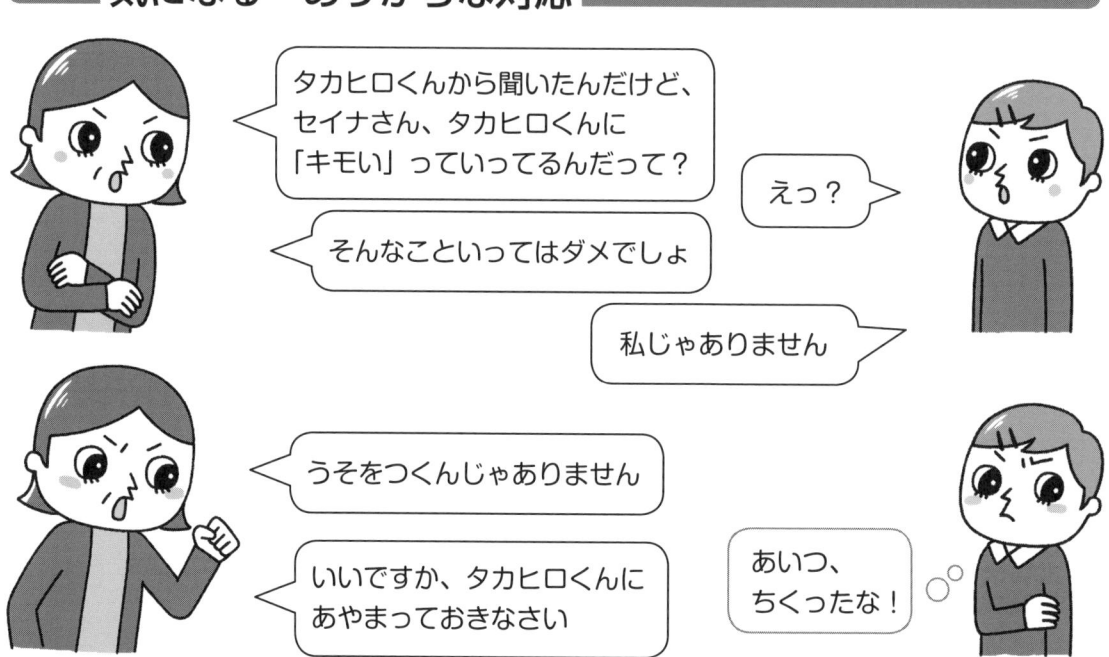

「タカヒロくんから聞いたんだけど、セイナさん、タカヒロくんに「キモい」っていってるんだって？」

「えっ？」

「そんなこといってはダメでしょ」

「私じゃありません」

「うそをつくんじゃありません」

「いいですか、タカヒロくんにあやまっておきなさい」

「あいつ、ちくったな！」

　セイナさんの話を聞こうともせずに、最初からセイナさんが悪いと決めつけています。知り得た情報がほんとうのことかどうか確認もせずに指導することは、子どもとの関係を悪くします。また、「タカヒロくんから聞いた」と不用意に情報源を明らかにしているため、もし、ほんとうにセイナさんがタカヒロくんをいじめていたとしたら、ますます陰湿ないじめに発展するでしょう。タカヒロくんの学校生活はますますつらくなり、教師に相談したことを後悔し、教師への不信感も募るでしょう。

カウンセリングスキルを使った対応

ワンダウンスキル
セイナさん、休み時間なのにごめんね

うん、いいよ

一般化スキル
最近、みんなが、よく「キモい」という言葉を使っているよね。この前、セイナさんが、タカヒロくんに、同じようなことをいっていたのが、先生は気になっているんだ。タカヒロくんと何かあったの？

タカヒロくんが、私たちの方をじろじろ見てくるんだもん

くり返しスキル
そうか、じろじろ見られて

明確化スキル
嫌な感じがしていたんだね

うん

わたしメッセージスキル
セイナさんが、「キモい」といって、みんなから悪く思われるのが先生は心配だから、やめてほしいなあ

実践編

対応のポイント

　ワンダウンスキルを使ってセイナさんを呼び止めているため、セイナさんも身構えずに話をすることができています。また、一般化スキルを使い、セイナさんにやわらかく接しています。さらに、くり返しスキルや、明確化スキルを使い、セイナさんの気持ちに寄り添っています。最後に、わたしメッセージスキルを使って、「キモい」といってほしくないということを、しっかりと伝えています。

実践編

26 遅刻してきた子ども

> マサキくんは、5年生。始業時刻に10分ほど遅れて登校してきました。マサキくんは、5年生になってから10分程度の遅刻が目立つようになりました。一昨日も遅刻して、教師は家をもう少し早く出るように指導したばかりでした。

気になる・ありがちな対応

いま、何時だと思っているんだ！

えっ…

きょうもまた10分遅れたな

……

あと10分早く出たらいいだろう！

　マサキくんは一昨日も遅刻したために、教師は遅刻の理由も聞かずに、一方的に叱っています。このような叱り方では、教師がマサキくんの遅刻の真相を理解するのはむずかしいでしょう。遅刻はしていても登校しているのですから、遅刻の理由はしっかりと聞きましょう。

カウンセリングスキルを使った対応

「きょうはどうしたの？」　怒りのコントロールスキル

「いえ、べつに……」

「遅れたけど、よく学校にきたね」　ワンダウンスキル

「うん」

「先生は、きみが遅れてくることでさぼってるんだとみんなから思われるのが心配だよ」　わたしメッセージスキル

「もし、よかったら、そのわけを聞かせてくれないかい？」

対応のポイント

　まずは、子どもが遅刻してきたことに対して、教師は「きょうはどうしたの？」と問いかけることで、怒りをコントロールしています。そして、遅れてでも登校したことを認め、わたしメッセージスキルで、マサキくんのクラスでの立場が悪くなることを教師として心配していることを伝えています。

　指導したにも関わらず遅刻がくり返されると、イライラすることもあるでしょう。しかし、イライラしたところで、子どもの遅刻はかんたんには改善されません。イライラの感情をコントロールし、冷静に対応します。

　また、5年生になってから遅刻が増えているということは、家庭環境や友だち関係に変化があって遅刻している可能性もあります。遅刻の理由をしっかりと聞き出し、子どもと向き合うことが必要です。

実践編

27 登校をしぶる子ども

ユウコさんは、小学校3年生。2年生のときは、欠席日数が35日と休みがちでしたが、3年生になってからは、無遅刻無欠席で2カ月が過ぎました。ところが、6月になり、「しんどい」という理由で2日間、学校を休みました。教師が放課後に電話をすると、ユウコさんは学校へ行きたくないといっているようでした。教師はユウコさんを家庭訪問することにしました。

気になる・ありがちな対応

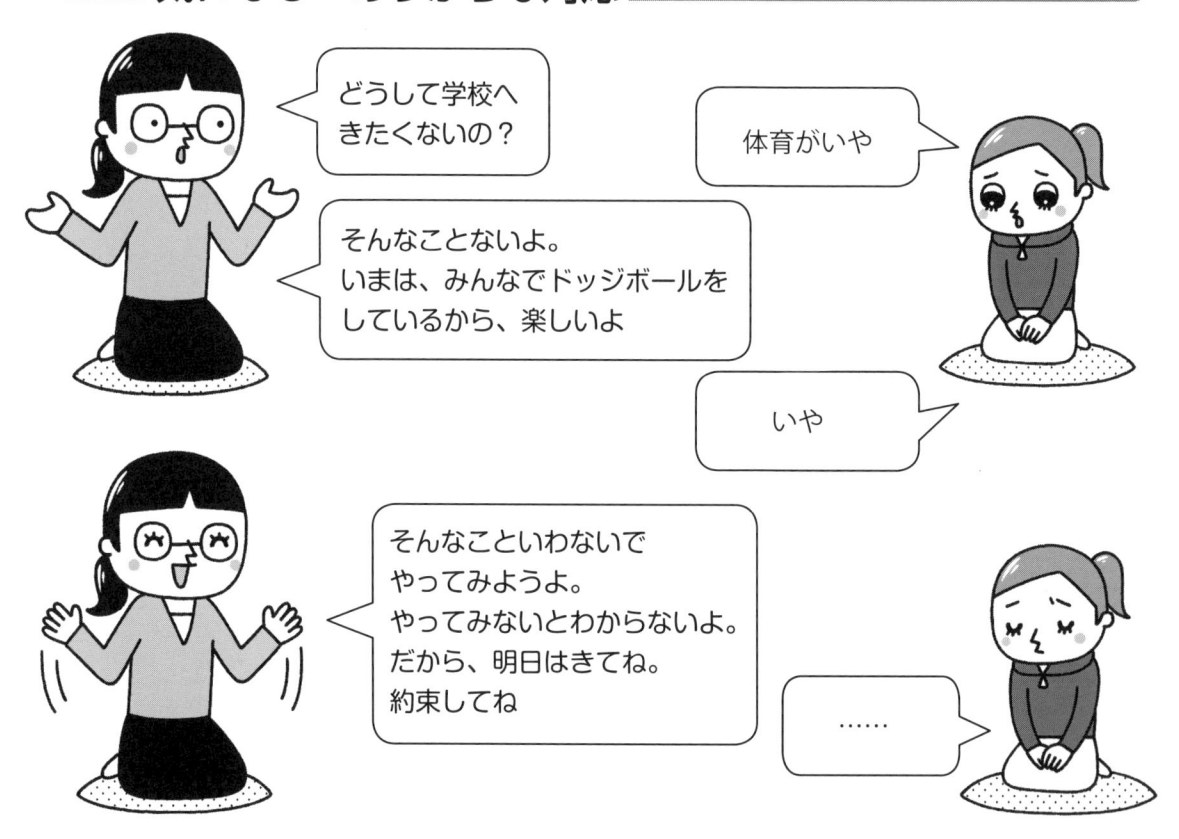

どうして学校へきたくないの？

体育がいや

そんなことないよ。いまは、みんなでドッジボールをしているから、楽しいよ

いや

そんなこといわないでやってみようよ。やってみないとわからないよ。だから、明日はきてね。約束してね

……

ユウコさんの気持ちを理解するより前に、ユウコさんを何とか学校にこさせようと必死になっています。そのため、ユウコさんの話を聞いているようで聞いていません。

カウンセリングスキルを使った対応

学校にくるのがしんどいのかなあ 【明確化スキル】

うん

何かこまっていることでもあるの？ 【オープン・クエスチョン】

体育がいや

そうか、体育がいやなんだ。ほかには？ 【くり返しスキル】

給食がいや

そうか、給食もいやなんだ。ほかには？ 【くり返しスキル】

もうない

こまることがあったら何でも先生に話してね。先生が助けるから、だいじょうぶだよ 【未来志向スキル】

うん

対応のポイント

　まずは、明確化スキルでユウコさんの気もちに共感して、ユウコさんの話をくり返しスキルでしっかりと聴いています。さらに、未来志向スキルで登校したときには教師がサポートすることをしっかりと伝えて、ユウコさんを安心させています。
　登校をしぶる子どもの家庭環境や性格は一人ひとり違うので、一般的な解決法はありません。しかし、登校したくないのには、何らかの理由があります。その理由が自己中心的だと思われるものであっても、一度はしっかりと受け止めることが、登校へとつながります。教師であれば、登校をしぶる子どもを何とか学校にこさせたいと思うのは当然です。しっかりと子どもの話を聴いてから、子どもがふたたび登校できるように指導をしていきましょう。

実践編

28 前年度から不登校がつづいている子ども

> キョウコさんは、小学校5年生。不登校で昨年度の2学期後半からほとんど登校していません。キョウコさんは、5年生の始業式もやはり欠席しました。その日の放課後、担任の教師が早速、キョウコさんを家庭訪問しました。

気になる・ありがちな対応

（教師）こんにちは。わたしが今度担任になった小林です

（キョウコ）うん……

（教師）きょうはどうしたの？

（キョウコ）……

（教師）もう5年生になったんだから、気持ちを切りかえてがんばって学校にきてね。休むと友だちができないよ

　新しい学年、クラスになったことで気持ちを一新させ、登校する子どももいますが、前年度から不登校がつづいている場合は、新年度になったからといって、登校することはなかなかできません。キョウコさんのように始業式から欠席してしまうこともよくあります。「気持ちを切りかえて」や「がんばって」といわれても、キョウコさんにはむずかしいでしょう。また、「友だちができないよ」という言葉は、キョウコさんにとって大きな心理的負担になり、よけいに焦ってしまい、ますます登校できなくなる恐れもあります。

カウンセリングスキルを使った対応

キョウコさん、こんにちは。わたしが担任の伊藤です

うん

きょうは、玄関まで出てきてくれてありがとう 〈ワンダウンスキル〉

うん

先生は、キョウコさんに会えてうれしいよ。 〈わたしメッセージスキル〉

じゃあ、またね

実践編

対応のポイント

ワンダウンスキルやわたしメッセージスキルでキョウコさんとていねいにコミュニケーションを取ることで、キョウコさんに安心感を与えています。最初は、登校を促すようなことはせず、子どもの顔をちょっと見るだけで十分です。不登校は、焦ってもすぐには解決しない問題だと割り切り、時間をかけて取り組んでいく必要があります。

実践編

29 病気がちでひさしぶりに登校してきた子ども

カオリさんは、5年生。体が弱く、月に何日かは病気で欠席しています。今週は休みがつづき、ひさしぶりに登校してきました。

気になる・ありがちな対応

ひさしぶりね

はい

もう元気になった？

それはよかった。
じゃあ、もっと元気だして
いこうね

……はい

教師自身は元気であるため、カオリさんの気持ちを考えることができていません。病気がちの子どもにとっては、教師の元気のよさにつらさを感じてしまいます。

カウンセリングスキルを使った対応

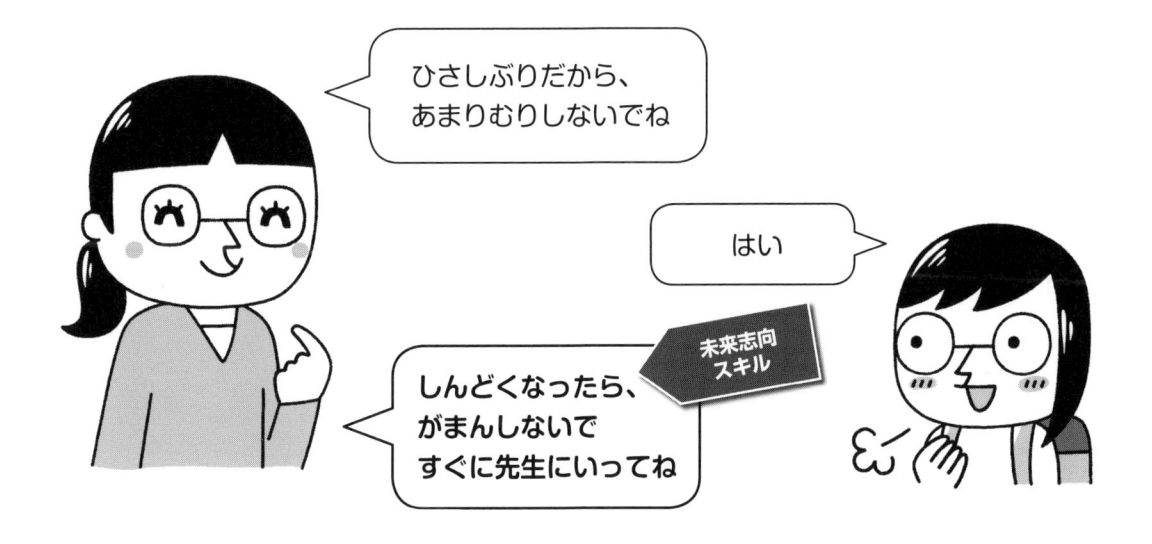

非言語的コミュニケーションスキル

カオリさん、よく学校にきたね

はい

ひさしぶりだから、あまりむりしないでね

はい

未来志向スキル

しんどくなったら、がまんしないですぐに先生にいってね

対応のポイント

　まず、笑顔という非言語的コミュニケーションスキルでひさしぶりに登校したカオリさんの緊張をほぐしています。そして、未来志向スキルで、しんどくなったときにはがまんしなくてよいことを伝え、カオリさんを安心させています。

　病弱な子どもにとっては、登校するだけでも大変なことです。そのがんばりをしっかりと理解して対応します。また、カオリさんが登校したときにクラスの子どもたちが温かく迎えることができるようなクラスづくりが求められます。そのためには、日ごろから教師が子どもの手本となって、笑顔でやさしく迎えているようすを示すことが必要です。

実践編

30 学校で話せなくなる子ども

ミノリさんは、3年生。家ではうるさいくらいによくしゃべりますが、学校ではもの静かでほとんど声を出しません。教師が個別に話をすると、ぼそっとひと声返事がかえってくる程度です。ある朝、教師は出欠を確認しながら、子ども一人ひとりに好きな食べ物を尋ねていました。

気になる・ありがちな対応

「ミノリさん」
「……」

「ミノリさん、がんばって返事だけでもしてごらん」
「……」
「もういいわ。つぎはがんばってね」

なんとかミノリさんの声を出させようとがんばっています。しかし、それは教師の一方的な思いであり、緊張しているミノリさんをさらに緊張させてしまいます。

98

カウンセリングスキルを使った対応

非言語メッセージ

ミノリさん

……

非言語メッセージ

こっちを見て合図をしてくれたね。ありがとう

……

ミノリさんの返事が伝わったわ

実践編

対応のポイント

　ミノリさんの非言語メッセージに気づき、言葉で表現できなくても態度で表現しているところを見逃さずに受け止めています。
　ある特定の場面でだけ、話ができなくなってしまう症状を選択性緘黙といいます。家では家族とよく話していても、学校にくると先生や友だちとほとんど話ができなくなる状態をいいます。教師が指導しても、一朝一夕に、言葉を出せるようになるというものではありません。長い目で子どもを見守り、子どもの表情や行動から受け止めたことを、教師が言葉でしっかりとフィードバックしていくことが大切です。そして、保護者と話し合い、必要であれば、専門機関と連携をとります。

実践編 31

家庭で身体的虐待を受けている疑いがある子ども

ダイスケくんは、小学校2年生。母親は2年前に再婚して、昨年、新しい父親とのあいだに子どもができました。ある日、ダイスケくんの顔に青あざがあったので、気になって話を聞きました。

気になる・ありがちな対応

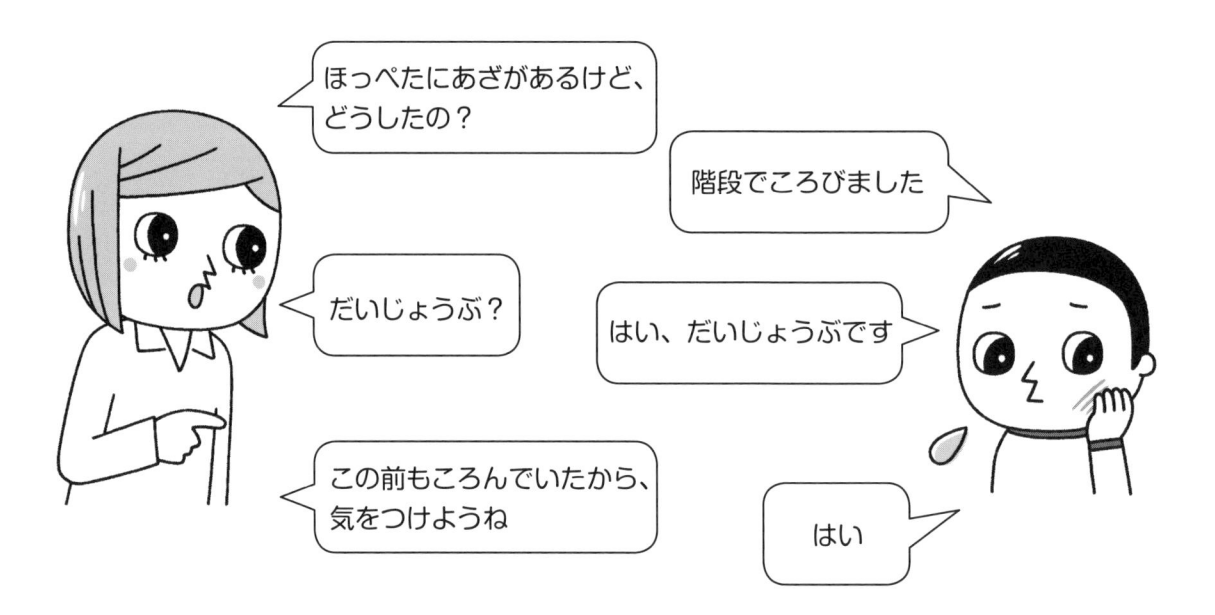

（先生）ほっぺたにあざがあるけど、どうしたの？
（ダイスケ）階段でころびました
（先生）だいじょうぶ？
（ダイスケ）はい、だいじょうぶです
（先生）この前もころんでいたから、気をつけようね
（ダイスケ）はい

　ダイスケくんは虐待を受けている可能性があります。教師は、せっかくダイスケくんの体に不自然なあざがあることに気づいたのに、そのあとのケアがうまくできずに終わってしまっています。
　親から虐待を受けている子どもの多くは、親に暴力をふるわれていることをだれにもいいません。子どもは暴力をふるわれるのは自分が悪いからだと親から聞かされているからです。しつけのためだと親がいくらいっても、暴力はそれを逸脱する行為であり、子どもの健全な成長を妨げます。

カウンセリングスキルを使った対応

「ダイスケくん、ほっぺたの色が気になるけど、どうしたの？」

「階段でころびました」

感情表現スキル
「それはいたかったでしょう。どこの階段でころんだの？」

「家の前の階段で」

わたしメッセージスキル
「階段ってあぶないよね。**先生は心配だから、いっしょに保健室にいって見てもらおうね**」

「はい」

実践編

対応のポイント

　感情表現スキルで共感しながら、わたしメッセージスキルでほかにあざやケガがないかを確かめようとしています。虐待の疑いがある子どもは、ほんとうのことはなかなか話すことはできません。しかし、カウンセリングスキルを使うことで、この教師なら安心して話せると子どもに思ってもらえるような関係をつくることが望まれます。

　子どもの体に不自然な傷が見られる場合は、子どもをすぐに保健室に連れていき、ほかに傷などがないかを調べてもらうことが必要です。そして、体に異常が見つかった場合は管理職に報告し、早急に対応する必要があります。

実践編
32 ネグレクトの疑いがある子ども

> サユリさんは、ネグレクト（育児放棄）の疑いがある小学校5年生。母子家庭で最近、頻繁に遅刻をします。きょうも始業時刻に1時間遅刻してきました。教師は、放課後にサユリさんを呼び止め、家庭のようすを聞き出すことにしました。

気になる・ありがちな対応

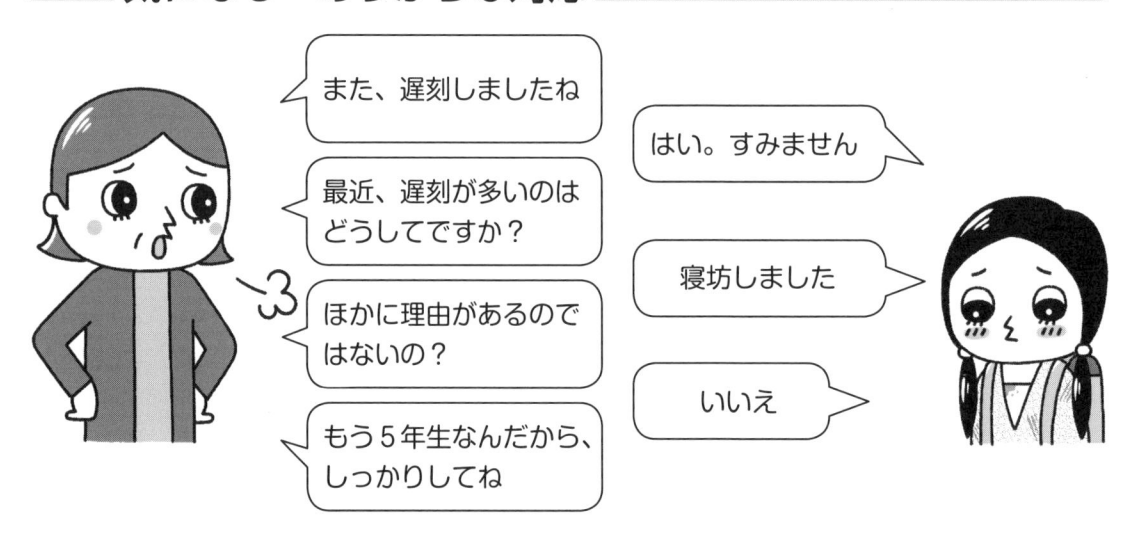

教師：また、遅刻しましたね
サユリ：はい。すみません
教師：最近、遅刻が多いのはどうしてですか？
サユリ：寝坊しました
教師：ほかに理由があるのではないの？
サユリ：いいえ
教師：もう5年生なんだから、しっかりしてね

　サユリさんは、母親からのネグレクト（育児放棄）の疑いがあります。ところが、教師はそれに気づいていないか、あるいは、気づきながらも、サユリさんが遅刻をしてきたことだけに焦点を当てて指導しています。
　前項でも述べた通り、ネグレクトを含む虐待を受けている子どもは、自分が悪いと思い込まされているために、自分からそれを打ち明けることはほとんどありません。そのため、教師は虐待の事実に気づきにくいものです。
　しかし、ネグレクトを受けている子どもは、衣食住全般に渡ってないがしろにされているため、生活習慣や服装、衛生面、健康面などにさまざまな変化や乱れが生じてきます。とくに、同じ服を何日もつづけて着ていたり、むし歯などの病気の治療がおこなわれていなかったり、給食を異常に多くとったりするときは、ネグレクトを疑う必要があります。

カウンセリングスキルを使った対応

先生：「サユリさん、遅れたけど、がんばってきたね」 [ポジティブスキル]

サユリ：「はい」

先生：「サユリさん、最近よく遅刻しているけど、どうしたの？」

サユリ：「すみません。寝坊しました」

先生：「お母さんに起こしてもらえないの？」 [クローズド・クエスチョン]

サユリ：「はい」

先生：「朝ごはんは、たべたの？」 [クローズド・クエスチョン]

サユリ：「いいえ」

先生：「いろいろとこまっているのね」 [明確化スキル]

先生：「よかったら、こまっていることを先生に教えてくれるかな」 [オープン・クエスチョン]

対応のポイント

　まず、遅刻したことを責めずに、ポジティブスキルでがんばってきたことを労っています。つづけて、ネグレクトの可能性を念頭に、クローズド・クエスチョンでサユリさんの家庭のようすを聞き出しています。そして、明確化スキルで子どものこまっているという気持ちに共感し、オープン・クエスチョンで、どんな話でも聞くよという態度を示しています。

　クラスの子どもたちがいる場で子どもの家庭の話をするのはプライバシーの侵害です。家庭のようすを聞き出す場合は、ほかの人に話の内容を聞かれない場所と時間を選ぶ必要があります。

　子どもと話をし、虐待の可能性を確認したら、子どもからできるだけ毎日、家庭でのできごとを聞き出し、それを日々記録していきます。記録をとることは手間のかかる作業ですが、学校で子どもを虐待から守ることができるのは教師だけです。しっかりと記録を残し、管理職、養護教諭や教育委員会、子ども家庭センター（児童相談所）などの関係機関と連絡を取りながら対応します。

実践編

33 親と死別した子ども

マコトくんは、小学校3年生。1週間前に母親がくも膜下出血で亡くなりました。ようやく落ち着き、マコトくんが久しぶりに登校してきました。

気になる・ありがちな対応

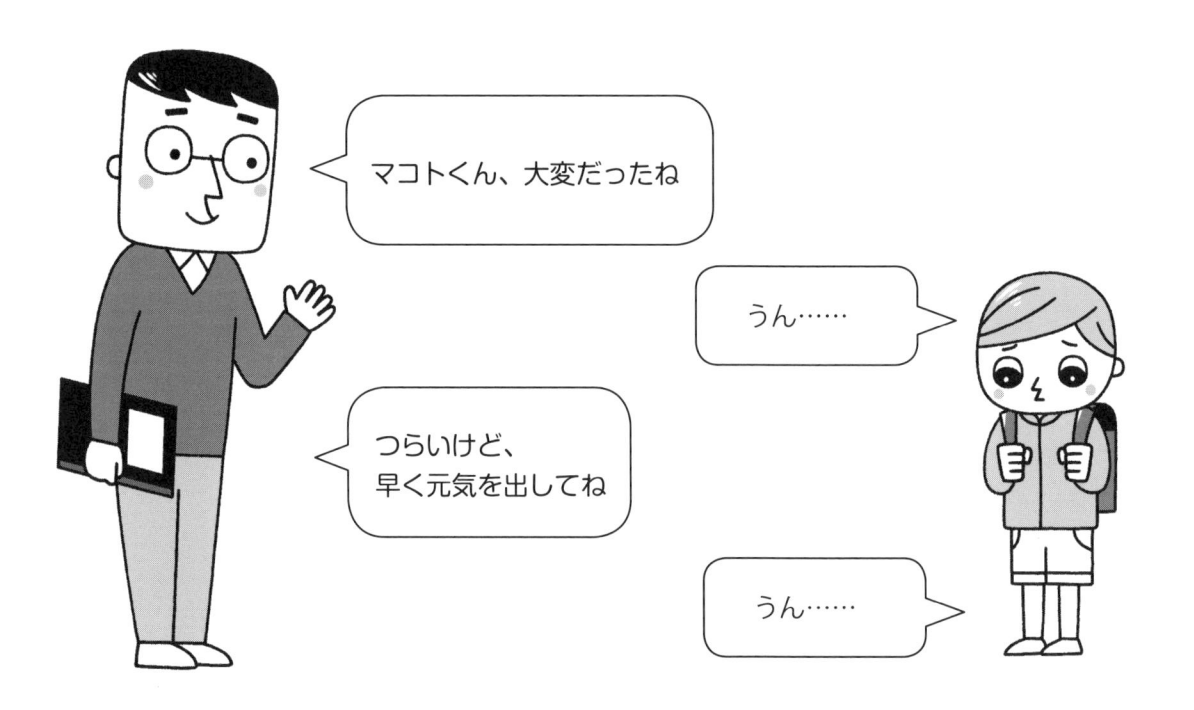

「マコトくん、大変だったね」

「うん……」

「つらいけど、早く元気を出してね」

「うん……」

　マコトくんは、母親が急に亡くなり、大きなショックを受けています。そんなマコトくんに対して、教師は「元気を出してね」と励ましています。しかし、マコトくんの「悲しい」気持ちをほんとうにわかっていれば、「元気を出してね」という言葉は出てこないはずです。マコトくんの本当につらく、悲しい気持ちを共感し、伝える方法はないのでしょうか。

カウンセリングスキルを使った対応

非言語的コミュニケーションスキル

マコトくん、よく学校にきたね

うん

感情表現スキル

ほんとうに悲しい思いをしたね。つらいよね。先生もほんとうに悲しいよ

うん

対応のポイント

　非言語的コミュニケーションスキルのスキンシップで、マコトくんの気持ちに寄り添っています。小学校3年生で母親を亡くしたつらさは想像しがたいものです。ですから、教師としても、なかなか言葉でマコトくんをなぐさめることはできません。しかし、何とかマコトくんを思いやる気持ちを伝えようと肩に手を置いています。気持ちを言葉にできないときは、スキンシップなどの非言語的コミュニケーションも有効です。大切な人を亡くして悲しんでいる人に対して心理的に支援することを「グリーフケア」といいます。グリーフケアの第一人者デーケン博士（1932～）は、悲しみに暮れる人に「がんばろう」「泣かないで」「早く元気になって」「あなただけじゃない」「時がすべてを癒す」などと声をかけてしまいがちですが、このような言葉はかえって当事者に深い悲しみを与えてしまうこともあると述べています。
　肉親を亡くした子どもに対応するときには、教師はこのような言葉は使わないように注意することが必要です。

解説
教師力を高める カウンセリング・マインド

1 人間の本性は善である

「人間はほんらい善的な方向へ成長する」という肯定的人間観に徹することが、教師には望まれます。人間の本性はもともと悪ではありません。悪い人間が存在するとすれば、それは周囲の環境によってつくり出されたものであって、善の芽が摘み取られたためである、という人間への絶対的信頼感をもちつづけることが、教師の役割です。

米国の著名なカウンセリング心理学者、カール・ロジャーズ（Rogers,C.R.、1902年～1987年）は、長年のカウンセリング経験から得た人間観として、「私の経験では、人間は基本的にポジティブな方向へ進んでいくといえる」と述べています。ロジャーズのこの人間観は、まさにカウンセリング・マインドの基本です。カウンセリングにおいては、カウンセラーがクライエントを善的存在として無条件に受容することによって、はじめてその効果を発揮することが期待されます。

「教師は善の狩人たれ！」という名言があります。狩人は森のなかで獲物を見つける名人です。教師はどんな子どもにも長所を見つけ出す名人であれという意味です。カウンセリング・マインドに徹した教師は、普通には気づかないその子どもの長所を発見し、子どものどんなに悪い言動に対しても、その言動はその子どもの本質ではなく、あくまでも未熟な子どもの自己防衛の結果であると捉え、子どもほんらいの良心を信じ、根気強く指導することができます。

2 絶えず学ぶ者のみが教える資格を有する

教師のみなさんには、たとえ相手が幼く未熟な、あるいは何らかの問題をかかえた子どもであっても、その子どもから何か学ぶものがあると信じ、その子への関心をもっていただきたいのです。それこそが、人間尊重の教育に徹した教師の役割です。

有能なカウンセラーとは、長年にわたって多くのクライエントと出会い、話を聴き、学び、カウンセリング経験を積み重ね、そこから「実践の知」を身につけた専門家です。何らかの悩みをもったクライエントから、あるがままの人間の真実を学ぶことによって、カウンセラーは専門家として成長します。これが、カウンセラーのカウンセリング・マインドです。

クライエントから学び、ともに成長するカウンセラーのカウンセリング・マインドは、教師にとっても、子ども主体の教育を実践するための大切な原動力です。カウンセラーと同様に、教師も、個々の子どもから学んだ知識と経験を活かし、教育実践において学ぶ側に立つ子どものあるがままの真実を正しく知り、理解し、受容することが必要だからです。

ほんらい、教育においては、教えることと学ぶことは同義的であると理解されます。教師も

絶えず新しい事実に気づき、学び、子どもとともに成長し、変化していくことが、教育ほんらいの目標だからです。

3　知育は教育のすべてではない

　子どもの学力向上が、学校教育の重要な目標であることに異論はありません。しかし、唯一学力向上のみが教育の目標でないこともまた確かです。

　カウンセリングでは、クライエントが抱える問題を、生物・心理・社会的（bio-psycho-social）側面から診断・評価（アセスメント）した上で、クライエントへの最適な支援のあり方を選択します。つまり、カウンセラーはクライエントが訴える問題のみに執着することなく、その問題がクライエントの人間的成長にどのような影響を与えているのかについて、専門家として多面的に診断・評価をし、クライエントの全面的支援に取り組むのです。このように、クライエントに対する多面的人間理解にもとづいて個々のクライエントのすぐれた特性に注目し、支援することが、カウンセリング・マインドの基本です。

　同様に、教師もまた、子どもの知的発達のみにこだわることなく、心理的、身体的、情緒的、社会的、道徳的、職業的発達など、子どもの多面的・全人的発達に注目し、その重要性を十分認識する必要があります。その上で、カウンセリング・マインドに徹し、個々の子どものあらゆる特性をトータルに評価・理解して、そのなかからすぐれた特性を見つけ出しその特性を核にして、その子どもへの教育に取り組むことが望まれます。

4　個別指導は人間尊重の教育の基本である

　不登校やいじめ、暴力など、子どもの問題への教育的対応として、個別指導は欠かすことができません。

　教育現場において、「一人ひとりを大切にする教育」や「どの子も見捨てない教育」などのスローガンのもとに、多くの教師が人間尊重の教育の重要性を認識しています。しかし、現実にはまだまだ画一的教育が主流であり、個性的な子どもほど学校不適応に陥ることが心配されます。個性豊かな個々の子どもに対応するために、教師の個別指導力が問われているのです。

　カウンセリングでは、カウンセラーがクライエントと1対1の関係で個別に支援することを重視します。ドイツの著名な精神医学者クレッチマー（Kretschmer,E.、1888年～1964年）は、「神経症を知る人は人間を知る人である」と述べています。同じように、前出のロジャーズも「最も個人的なものは、最も普遍的である」と語っています。つまり、個について理解することは、人間そのものを理解することなのです。このように、クライエントを個として尊重し、支援することを重視することが、カウンセリング・マインドの基本です。

　「不登校を知る教師は児童・生徒を知る教師である」というのが著者等の信念です。つまり、問題を抱えた子どもを個別に徹底して理解し、指導することが、ひいては子ども全体の教育に大いに貢献するのです。教師は、このカウンセリング・マインドに徹し、個を重視した真の人間尊重の教育を目ざすことが望まれます。

5　表面的言動よりも内面的動機に注目する

　子どもの問題行動を指導する際には、行動そのものよりも、その子どもがなぜそのような行動をしてしまったのか、その背景にある動機に注目して指導することが肝心です。問題行動の背景には、かならずその子どもなりの理由があるからです（ただし、子ども自身がその理由を自覚していない場合も考えられます）。したがって、子どもを指導する際に、表面的な言動のみに注目していては、根本的な解決にはつながりません。その動機について本人と話し合い、心からの反省を促す教育的指導が必要です。

　不登校児へのカウンセリングにおいては、カウンセラーがいきなりその子どもに対して、登校する、しない、といった行動そのものについてアドバイスすることはありません。まずは、その子どもの「学校にいきたくない気持ち」に一生懸命耳を傾け、共感的態度でその子どもの立場を理解し、受容しようとします。そうすることで、その子どものなかに自己肯定感が芽生え、再登校へつながる可能性に期待するのです。このように、クライエントの表面的な言動を超えて、その背景にある本人の内面的動機に注目して支援することが、カウンセリング・マインドの基本です。

　教師は、このようなカウンセリング・マインドに徹し、子どもの表面的な言動に惑わされて解決を急ぐことなく、子どもの内面に潜む動機に注目して、心理的な支援を心がけることが望まれます。

6　治すことより理解することを優先する

　身体的な病気の場合、おもに医師が治療をしたり、薬物を処方したりすることで、患者は回復、治癒していきます。しかし、心の病気や問題に関しては、カウンセラーやそのほかの専門家の力だけで治すことは困難です。クライエント自身の自己回復力がとくに必要なのです。心の主はあくまでもクライエント本人であって、専門家といえども、クライエントの心の主になることはできないからです。

　そこで、カウンセラーは、クライエントの問題解決を図る前に、クライエント自身の「治したい」という意志とともに、自己成長力を育むことを重視し、結果として、クライエントが自らの力で問題を解消することを期待します。そのために、カウンセラーはまずクライエントの内面的理解に一生懸命努めます。このように、クライエントを理解しようとするカウンセラーの態度（＝「なおそうとするな、わかろうとしろ」）こそ、教師にも必要なカウンセリング・マインドの基本です。

　ノーベル生理学・医学賞を受賞した著名な動物行動学者のコンラート・ローレンツ（Konrad Z. Lorenz、1903年～1989年）は「人間というのは生まれながら、好きな人、尊敬する人のいうことを聞くようにプログラミングされている」と語っています。つまり、教師が子どもを理解し、子どもから好かれ、尊敬される存在になれば、無理に強制しなくても、子どもは自らその教師の意図通りに行動することが期待できます。

■参考図書

『ロジャーズ全集　第12巻：人間論』（Rogers, C.R. 著、村山正治編訳、岩崎学術出版、1967）

「心理療法はどう進むか──今後の動向」（Wolberg,L.R.、1987：J.K. ゼイク編、成瀬悟策監訳『21世紀の心理療法II』誠信書房、1990）

『学校教師のカウンセリング基本訓練──先生と生徒のコミュニケーション入門』（上地安昭著、北大路書房、1990）

『スクールカウンセリング事典』（國分康孝監修、石隈利紀ほか編、東京書籍、1997）

『育てるカウンセリング──考え方と進め方』（國分康孝ほか編著、図書文化社、1998）

『学校の時間制限カウンセリング』（上地安昭編著、ナカニシヤ出版、2001）

『叱る生徒指導──カウンセリングを活かす』（上地安昭・西山和孝編著、学事出版、2003）

『教師のための学校危機対応実践マニュアル』（上地安昭編著、金子書房、2003）

『教師カウンセラー──教育に活かすカウンセリングの理論と実践』（上地安昭編著、金子書房、2005）

『教師カウンセラー・実践ハンドブック──教育実践活動に役立つカウンセリングマインドとスキル』（上地安昭編著、金子書房、2010）

『心理療法ガイドブック』（ジェラルド・アマダ著、上地安昭監訳、亀田佐知子訳、誠信書房、2012）

『問題行動へのアプローチ』（菅野純編著、開隆堂出版、2003）

『教師のためのカウンセリングワークブック』（菅野純著、金子書房、2001）

『"教育研修"スタートブック（Vol.3）"人間関係づくり"スタートブック』（河村茂雄編、教育開発研究所、2003）

『教師だからできる5分間カウンセリング──児童生徒・保護者への心理的ケアの理論と実践集』（吉本武史編著、学陽書房、2000）

『学校現場で使えるカウンセリング・テクニック　上・下』（諸富祥彦著、誠信書房、1999）

『不登校児の理解と援助　問題解決と予防のコツ』（小林正幸著、金剛出版、2003）

『「親業」に学ぶ子どもとの接し方』（近藤千恵著、新紀元社、2004）

あとがきにかえて

　本書をお読みいただきありがとうございました。
　基礎編では、私がカウンセラーとして、実際に不登校や発達に課題がある児童に対する個別面接（カウンセリング）を担当しながら学んだコミュニケーションスキルの中から、学校場面でも応用できそうなものを選択し、教師が使える15のカウンセリングスキルとして挙げました。
　実践編では、私が小学校で学級担任を務めるなかでよくある指導の場面を用いて、15のカウンセリングスキルの複合的な使い方を解説しました。
　私は、校内や教育センターの教員研修において、カウンセリングスキルを活かした児童との関わり方についての講座を担当してきましたが、受講者からはかならず、「そんなかんたんに子どもがいうことを聞くはずがない」「もっと厳しく指導しなければ学級が成り立たない」などといった意見が出されます。私自身も20年以上小学校の教員を務めていますので、こうした意見はもっともだと思います。
　当たり前のことですが、カウンセリングは万能薬ではありません。しかし、カウンセリングで使われるコミュニケーションスキルを用いることで、児童と教師が良好な関係を築くことが可能となります。カウンセリングそれ自体が、良好な人間関係の構築を目指しているものだからです。したがって、実践編に示したカウンセリングを使った対応例は、児童の問題行動などを解決するということよりも、そのようなコミュニケーションを取ることで、児童との信頼関係を築くことをねらっています。
　さらに、いったん、児童と信頼関係を築くことができれば、教師の児童に対する願いが伝わりやすくなります。
　よくふざける児童が窓ガラスを割ってしまったことがありました。私は、「何してるんだ！」と叱る代わりに、その児童に「大丈夫？」と声をかけました。すると、その児童は、家に帰って「先生は怒らずに、ぼくのことを心配してくれた」と母親に話しました。結局、私は、その児童だけではなく、その母親とも信頼関係を築くことができ、それ以降、児童はそれまでよりも素直に私の話を聞き入れ、生活態度もよくなりました。
　学校現場では、実際に、厳しい指導が必要な場面もあります。しかし、いつもそのような指導をしていては、ほんとうの意味で子どもの成長を促すことはむずかしいでしょう。子どもたちが考える信頼できる教師とは、適切に指導してくれる教師、いいかえれば、自分の気持ちを考えてコミュニケーションを取ってくれる教師です。実践編のようにうまくいくかということは、少し横に置いていただいて、カウンセリングの手法をどのように活用し、児童とどのように信頼関係を築いているかを感じていただければ幸いです。

2014年9月　古谷雄作

■著者紹介

●編著者
上地安昭（うえち・やすあき）

兵庫教育大学名誉教授（神戸カウンセリング教育研究所代表）
1969年　広島大学大学院博士課程単位取得退学（教育学博士）
1969年　広島大学教育学部助手、同大学保健管理センター講師・助教授
1975年　米国ミシガン大学客員研究員
1989年　兵庫教育大学教授（臨床心理学専任）
1997年　兵庫教育大学附属中学校校長
1998年　兵庫県立教育研修所・心の教育総合センター所長
2001年　兵庫教育大学附属発達心理臨床研究センター所長
2006年　武庫川女子大学教授
専門分野：学校カウンセリング、カウンセリング心理学、臨床心理学。
所属学会（資格）：日本カウンセリング学会（認定カウンセラー、認定スーパーバイザー）、日本心理臨床学会（臨床心理士）。

［主な著書］

『時間制限心理療法の理論と実際』（単著、金剛出版、1984）
『学校教師のカウンセリング基本訓練』（単著、北大路書房、1990）
『学校の危機介入』（訳著、金剛出版、2000）
『学校の時間制限カウンセリング』（編著、ナカニシヤ出版、2001）
『叱る生徒指導　カウンセリングを活かす』（編著、学事出版、2003）
『教師のための学校危機対応実践マニュアル』（編著、金子書房、2003）
『教師カウンセラー　教育に活かすカウンセリングの理論と実践』（編著、金子書房、2005）
『教師カウンセラー・実践ハンドブック　教育実践活動に役立つカウンセリングマインドとスキル』（編著、金子書房、2010）
など多数。

［編著者連絡先］
神戸カウンセリング教育研究所
〒650-0011　神戸市中央区下山手通5丁目6-16　ブリリアタワー神戸元町5階　506号室
URL：http://www.zd.em-net.ne.jp/~kcei/index.html
E-mail：yuechi@an.em-net.ne.jp
電話：080-1441-7852（受付時間帯：10時～20時）

●著者
古谷雄作（ふるや・ゆうさく）

神戸市立糀台小学校教諭
神戸大学教育学部初等教育科卒業
兵庫教育大学大学院修士課程生徒指導コース修了（学校教育学）
兵庫教育大学大学院修士課程臨床心理学コース修了（学校教育学）
日本学校教育相談学会（兵庫県支部事務局次長、学校カウンセラー）
日本カウンセリング学会（認定カウンセラー）
日本心理臨床学会（臨床心理士）
学校心理士、ガイダンスカウンセラー
日本カウンセリング学会奨励賞（2008）

［主な著書］

『教師カウンセラー・実践ハンドブック』（共著、金子書房、2010）ほか。

組版：Shima.
本文イラスト：榎本はいほ

イラスト版
教師のためのすぐに使えるカウンセリングスキル
子どもを理解し発達を支援する指導のポイント

2014年10月10日　第1刷発行

編著者　上地安昭
著　者　古谷雄作
発行者　上野　良治
発行所　合同出版株式会社
　　　　東京都千代田区神田神保町1-44
　　　　郵便番号 101-0051
　　　　電話 03（3294）3506　FAX 03（3294）3509
　　　　URL：http://www.godo-shuppan.co.jp
　　　　振替 00180-9-65422
印刷・製本　株式会社シナノ

■刊行図書リストを無料送呈いたします。
■落丁乱丁の際はお取りかえいたします。

本書を無断で複写・転訳載することは、法律で認められている場合を除き、著作権及び出版社の権利の侵害になりますので、その場合にはあらかじめ小社あてに許諾を求めてください。
ISBN978-4-7726-1209-8　NDC376　257×182
© Yasuaki Uechi + Yusaku Furuya 2014